信
风

trade wind

春风有信，吹向认知彼岸

中国经济的

The Future Possibilities of
China's Economy

未来可能性

蔡 昉 / 著

社会科学文献出版社
SOCIAL SCIENCES ACADEMIC PRESS (CHINA)

目　录

1

目 录

引　论

这是一部关于中国发展的经济学著作，与其他经济研究成果有所不同，本书的研究视角超出了狭义的经济分析。这种跨学科研究的必要性是由研究主题决定的，因为中国式现代化目标和过程，就在于不断满足全体人民在经济、社会和生态各方面的日益增长需要。考虑到有的读者可能对一些专业术语或人物比较生疏，难免产生疑惑甚至疏离感，因此，有必要在此做些说明和澄清，帮助对此议题感兴趣的读者更好地阅读和理解这本书。

书中有些看似云山雾罩的专有名词，实际上并非想象的那般晦涩。以抽丝剥茧的方式，逐渐理解专业术语及其理论和政策含义的过程，可以获得一种独特的阅读感受。读者在拨开云雾的同时，得以了解很多关于发展的历史和现实、知识和事实。我也希望，一方面，经济学和社会科学领域的同行能够在这些以概念和人名为题的篇章中，读到原作者和我本人的原创性论证逻辑和结论；另一方面，希望读者能够把阅读当作一次智力之旅，利用这个机会深入思考，增进对经济社会发展暨现代化过程的过去、现在与未来的认识。

无论对读者而言还是对作者而言，准确地概括一本书的特点都是颇有难度的任务，但是，尽可能清晰地说明写作意图，让读者在阅读之前便能获得一些关于研究背景的信息，应该有助于激发阅读兴趣，甚至帮助读者做好思考和批评的准备。下面，我把自己从事研究、进行思考的过程作为本书的写作背景，对本书各篇章的来龙去脉做些说明，希望不致画蛇添足，使读者受到先入之见的干扰。

本书以篇章形式讨论的 11 个主题，就出发点和针对性来说，都是在同人口发展的关联中探讨中国的经济社会发展，旨在寻求有关真实世界问题的答案，而非漫无目的地在经典文献中寻章摘句。为了达到预定目的，本书在方法论上突出两点。首先，把人口问题作为分析起点。早在一个多世纪以前，作为宏观经济学的创始人之一，瑞典经济学家克努特·维克塞尔（Knut Wicksell）就指出，经济研究应该以人口统计为基础，因为后者能够完好地刻画诸多重要经济问题（Giles，2022）。本书不仅尝试体现这一点，事实上也为这个说法提供了更多的可信证据。其次，把一般规律与具体国情相结合。任何国家的经济增长、社会发展和现代化过程，都表现为共性和特殊性的统一，对理论研究提出的要求，便是把对一般规律的提炼与对国情特点的阐释有机结合起来。经济学家采用的实证研究方法，固然是实施此类课题的一条合理途径，但是，很多经验研究失之于过度技术化，把论点（理论、特征化事实或假说）与论据（数据、事件和模型）之间的关系变得过于机械和简单化，并且在叙事中缺少人文的要素、逻辑的力量、过程感和历史感。

　　从事严肃的经济研究是桩苦中作乐的差事，其中的乐趣并不来自学问之外的"阿堵物"之类的物质层面，而是来自创造性研究本身——过程中经历的灵光一现的瞬间，以及在写作中体验到的美感。阅读是研究过程不可或缺的步骤，也是灵感和美感的重要来源。本书的各篇章都包含了作者围绕某一学术研究课题，或者思考某一经济社会现象时的深度阅读。探讨各国现代化的共性和中国式现代化的国情特征，要求研究者在深入进行实证研究，准确把握国情和现实的同时，通过学术文献和经典著作的阅读和解读，探索特殊国情与一般规律的契合之处。因此，阅读经典并且思考其当代价值和可借鉴性，构成经济研究的一个侧面，同样可以增进我们对现实的理解，增强对研究结论的自信。

　　本书各篇章具有的共同特点，是从相对开阔的历史维度着眼，拓展认识问题的深度和广度。因此，这本书的思考视角和文献使用，跨越了时间和学科的界限。与此同时，对经济社会发展进行宏大的叙事，也要求理论更具有一体化和一致性的特质。越广泛涉猎多领域的理论，从不同理论模型中汲取营养成分，就越需要一种能够贯通和穿透不同理论的普世逻辑。为了满足上述要求，本书会涉及很多经济史或经济学说史方面的内容。

　　一旦研究课题与重温和借鉴历史经验相关，难免会遭遇一个悖论。一方面，正如美国作家马克·吐温所说，历史并不重复自身，但是，历史的脚步总是扣着相同的节拍。这句话的意思是，历史经验和教训可以为当下所借鉴。另一方面，通用电气前主席伊恩·韦尔森（Ian E. Wilson）讲过一个简明的事实：所有的知识都是关于过去的，但所有的决定都是关于未来的。引申其含义便是，任何经由令人信服的检验得出的结论，充其量只是表明对历史的还原是可靠的，却不表明可以有效地将其应用于对未来的判断。可见，经济研究意欲得出有益的启示，需要在历史、现实、未来之间架起桥梁，消弭特殊事件与一般规律之间的鸿沟。这显然不可能仅仅依靠实证研究做到，更重要的是借助理论的独特功能，而且，能够完美执行这个功能的，应该是一种包罗万物的统一理论。

经济史能够提供最好的自然实验素材。所以，当经济研究进入探索现代化共性的层面时，研究者必然更多地涉猎先行国家的经济史。然而，从提炼一般规律的目的出发，史料所能提供给我们的，通常只是漫长历史在某些时期的表现，只是一些表层的、不连贯的甚至碎片化的断面。从这个意义上说，任何人都不可能亲身见证长期历史，遑论从中提炼出具有一般意义的金科玉律。在刘慈欣的科幻小说《三体》中有个重要人物叫程心，由于反复地休眠和被唤醒，据说以30岁的人生经历了数个人类世纪。即便如此，她仍然不能具备系统性理解和一致性解释历史的能力。数千年的人类经济发展，以及工业革命以来数百年的现代化过程，在停滞与进步、冲击与中断、趋同与分化中发生，由从"中心"到"边缘"的世界不同角落汇聚而成。穿透这种时间上离散和空间上分隔的漫长过程，只有依靠经济理论的高度抽象力从而一致性才能做到。

经济学家已经日益认识到理论碎片化的弊端以及理论整合的重要性，在经济学界的边缘地带也开始了以构建"统一增长理论"（unified growth theory）为目标的尝试，甚至不乏具有一定影响力的论著问世

（例如盖勒，2017）。然而，有的研究成果，应该说距离形成统一的理论，并且真正有助于提升人们的认识能力，仍有千万里之遥。对中国经济学家来说，整体而一致地认识经济社会发展，涉及不同领域的现象和问题。将其用单一的线索提炼和表达出来，既缺乏统一的理论框架，也不具备诸如"复调"那样的表现手法。不过，在与人口问题的紧密关联中，尝试对每一个重要的发展现象重新做出叙事，可以为这一任务添砖加瓦。读者从本书可以看到这样的意图和努力。

本书所涉的 11 个主题篇章，各自都具有完整、自洽和自成一体的逻辑和结构，其内容是基于学术期刊独立发表过的文章。与此同时，各篇章之间又有紧密的内在关联，在宏观和长期视角下，从不同维度阐释经济社会发展相关主题。作为作者，我尽力以一种阶段界定分明、观察角度多重、线索贯穿始终的方式，把这些主题收录在一个完整的框架中，实现对中国经济发展和社会转型的全过程和一致性叙事。为了较为清晰地显示这一意图，较好地达到预期目标，在结构上我将本书划分为三个板块，分别为上篇"人口与经济关系范式"、中篇"分享不断提高的生产率"和下篇"以社会流动提高生育率"。

上篇"人口与经济关系范式"包括第一章到第三章，尝试把建立统一理论的意图，与回应中国的现实问题连接起来。自 20 世纪 70 年代末以来，中国经济经历了总量的高速增长、结构的优化升级，以及发展成果的广泛分享，创造了世界经济史上的奇迹。毋庸置疑，改革开放是释放生产力的根本动力，是经济增长得以实现自身潜力的原因。然而，中国经济增长绩效得以在横向比较中脱颖而出，在纵向比较中堪称史无前例，与这一时期独有的增长源泉——人口红利密切

相关。1978~2011 年，中国国内生产总值（GDP）的年均增长率高达
9.9%，同期世界上没有任何一个国家和地区可与其比肩。然而，狭义
人口红利只是一种阶段性的增长源泉，不可能青山永续。以 2004 年跨
越刘易斯转折点为标志和起点，人口红利开始弱化并加速消失，相应
地，2011 年以后经济增长也进入下行区间。虽然按照国际标准，中国
经济增长表现仍然卓尔不凡，但是，在人口红利消失之后，中国未来的
增长源泉何在，如何保持增长可持续性，这些问题迫切需要理论予以
解答。

第一章"万物理论：以马尔萨斯为源头的人口—经济关系理论"
在全书居于提纲挈领的位置。从回顾和重新认识马尔萨斯理论入手，
本章叙述马尔萨斯如何以经济学家身份，最早探讨人口与经济发展的
关系，解释何以马尔萨斯理论在经济学演进中居于源头地位。主要表
现在，马尔萨斯人口原理所描述的低水平均衡状态，直接为发展经济
学贫困陷阱理论奠定了分析基础；马尔萨斯也是最早采用两部门分析
的学者，为二元经济发展模型提供了方法论借鉴；流行的人口红利研
究，则是关于二元经济发展机制的假说之一及其经验验证；凯恩斯受
马尔萨斯启发并影响深远的研究，揭示了人口停滞对有效需求的制
约，成为描述当代宏观经济学长期停滞假说的理论渊源。中国经济发
展的整个过程及各个阶段，分别与这些以马尔萨斯为源头的理论具有
对应性和相关性。本章还讨论如何从以往的经济理论中获得借鉴，为
经济发展理论做出新的贡献。作者设想，把理论发展脉络与中国实际
问题相结合，有望发展出一个需求侧视角的长期增长理论。

从中国发展实践与已有经济理论的关系入手，第二章和第三章分

别回溯人口红利和刘易斯转折点的理论渊源，说明这两个分析框架对中国经济发展的解释力，并借助这两个框架揭示中国经济面临的挑战及其理论和政策含义。第二章"人口红利：认识中国经济增长的有益框架"以改革时期中国经济发展为背景，简述中国经济学界经历的人口—经济关系范式转换，通过过程叙述和文献回顾，概述人口红利对于高速增长的贡献，阐释人口红利理论在中国的有效性和解释力。同时也指出了人口红利作为经济学的一种理论，凭借中国经验得到的丰富和发展。第三章"刘易斯转折点：中国经济发展阶段的标识性变化"立足中国语境，阐释关于发展阶段变化的标识性概念。从讨论发展经济学与中国经济发展实践的关系出发，简述围绕刘易斯转折点这一学术概念及其政策含义进行的争论，特别阐释了作者本人的观点。在提供重要的理论和实践证据基础上，指出这一讨论的一般意义，在于更好地理解这个学术概念的内涵和表现，据此对中国经济发展阶段变化做出判断，进而以中国经验对发展经济学做出贡献。

中篇"分享不断提高的生产率"包括第四章到第八章。结合经济学说史上的一些难解之谜，本篇回应前一板块中提出的一些理论和政策命题。作者的思路是，从各国发展的共性经验着眼，思考中国福利国家建设的必要性和紧迫性。伴随着人口转变阶段和经济发展阶段的关键变化，中国的发展迎来两个新常态。经济发展新常态表现为，伴随着供给侧的增长源泉式微，潜在增长率趋于下降并最终回归均值（世界经济平均增长率）。人口发展新常态的最突出表现，则是作为长期处于极低生育水平的结果，人口进入负增长和快速老龄化时代。两个新常态既各自带来独特挑战，也共同造成全新的挑战。如何在更高的发展阶段上分享生产率提高的结果，如何在增长减速的条件下提高居民收入、缩小收入差距和改善民生福祉，如何保持经济增长的消费需求拉动力，等等，需要我们不断研究并给出有效的对策建议。

第四章"解读'凯恩斯悖论'：关于生产率分享的思考"从凯恩斯1930年发表的一篇意义深远的论文切入。该文在近一个世纪前便预测到，生产率将得到极大提高，因而困扰人类的经济问题在百年后的今天终将得到解决。他预见在生产率提高的过程中，将始终伴随着成长中的烦恼和调整中的痛楚，从而提出了一个如何分享生产率成果的重要命题，本书称之为"凯恩斯悖论"。从经济史和经济学说史角度看，该命题提出了一个关于经济发展的真实问题，且与另一个著名的命题即"索洛悖论"具有逻辑上和经验事实上的密切关联，并且可以毕其功于一役地予以解答。作者指出，在创造性破坏机制作用受到抑制条件下，普遍存在的资源配置僵化和退化现象，是技术进步过程中整体生产率提高受阻的原因，以此作为对索洛悖论的解答。作者还阐释道，生产率合理分享是生产率持续提高的保障，因此，生产率分享的终极途径，是建立一个随着生产率增长而不断扩大的社会福利体系。

第五章"缪尔达尔的人口学与马寅初的财政学"结合缪尔达尔的财政理论，考察其不为学界所熟悉的人口理论及政策主张。通过将缪尔达尔与马寅初的对应理论和政策建议相比较，本章归纳出以下结论。首先，人口发展与一系列经济社会发展因素相关，解决人口问题需要从广泛的政策层面着眼。同时，政策实施效果受到特定财政理念的影响。其次，缪尔达尔和马寅初面对的人口问题性质不尽相同，政策建议自然在方向上大相径庭。然而，这种差别不仅由于他们处在不同国家的不同发展阶段，更由于他们具有针锋相对的财政理念。可见，不改变关于社会福利体制和公共财政模式的根本看法，人口政策并不会由于取向的转变自然而然地奏效。最后，在应对瑞典人口危机涉及的理论和政策讨论中，缪尔达尔推动了认识范式和政策取向的转变，为福利国家建设奠定了关键性的理论基础，搭建了配套性的政策框架。一个国家的成功经验未必可以成功移植到其他国家，但是，鉴于中国人口发展新常态及其挑战，回顾这段经济史和经济学说史，可以为我们提供有益的借鉴。

本篇的第六章至第八章基于经济史和经济学说史，讨论政策制定的"制高点"，或者说在应对重大挑战时，具有高屋建瓴的引导性政策目标，以及具有路径转换意义的制度建设方向。在中国进入的更高发展阶段上，直接的挑战似乎尽在经济发展领域，例如，如何保持合意、可持续的潜在增长能力，如何不断扩大社会总需求特别是居民消费需求，确保潜在增长率的实现。然而，结合现代化过程的一般规律可见，应对这些挑战具有一个更为深远和共同的指向，即加大社会保障和基本公共服务供给，一方面，通过改善人力资本挖掘供给侧增长潜力，另一方面，通过提高民生福祉增强需求侧对经济增长的支撑能力。因此，实现可持续经济增长的政策制高点，将大大超出单纯的经济发展领域。

第六章"重新认识'制高点'"，是由丹尼尔·耶金和约瑟夫·斯坦尼斯罗合著《制高点：重建现代世界的政府与市场之争》引起的话题。立足一个广阔的历史纵深和国际视野，本章指出政府从社会福利、社会共济和社会保护的目标出发，向全体人民提供日益扩大和均等的公共品，从而弥补市场无力自发解决收入分配不公问题的缺陷，是全球范围正在涌起的新潮，也是政府发挥更大作用的定位和制高点。把以人民为中心作为改革和发展的出发点以及终极评判标准，决定了中国必然要把维护公平正义、改善收入分配、畅通社会流动通道等社会领域目标，作为政府政策的最高优先序和制高点，以持续促进全体人民共同富裕。

第七章"社会福利的竞赛"进一步阐述，在国家间特别是大国之间竞争愈演愈烈的地缘政治环境下，中国实现经济发展的高水平自立自强，需要顺应发展阶段的一般规律，从自身面临的主要挑战出发，在关键领域不断提高国家竞争力。在新发展阶段上，中国面临来自自身和外部的重大挑战，其中扩大消费需求的重要性和紧迫性日益显现。由此来看，通过再分配等途径构建中国特色福利国家、提高基本公共服务水平和均等化程度，是促进共同富裕目标和打破经济增长制约的关键之举，也是增强中国国家基础竞争力的重要任务。以增强国家竞争力为目标进行的社会福利竞赛，仍然要遵循尽力而为和量力而行的原则，保持社会福利水平的提高同发展阶段相适应，最大化挖掘社会资源和财政能力的潜力，以分好蛋糕确保不断做大蛋糕。

第八章"谦虚使人类进步：从《人类发展报告》看发展理念变化"，简述联合国开发计划署（UNDP）编制各国人类发展指数、撰写和发布《人类发展报告》（HDR）的做法及意义。对于这本报告的主题来说，该项目体现的理念和采用的指标，正是推进福利国家建设中所要补足的短板。马赫布卜·乌尔·哈克和阿马蒂亚·森作为人类发展项目的始创者，本身就说明这个延续 30 余年项目的意义。无论是哈克从国家层面实践中得到的教训，还是森对于人的自由发展所进行的哲学思考，都以发展的思想基础和行动取向变革的形式，一脉相承、与时俱进地在系列报告中呈现。数十年如一日持续推出的人类发展报告系列，虽不能说涵盖了人们对于发展认识的全方位进步，毕竟可以被视为实践、研究和理念相互影响、不断推陈出新过程的缩影。

下篇"以社会流动提高生育率"由第九章到第十一章构成。在某种程度上可以说，应对人口危机是西方福利国家建设的初衷。回顾这个历程的启示意义在于，现实中重要且紧迫的挑战，往往成为突破传统理念和研究范式的催化剂。例如，当人口增长减速乃至停滞构成经济发展和社会进步的实质性障碍，并且为有识之士提升到理论的层面时，支配人们的认识长达一个多世纪的马尔萨斯人口理论便在学术上受到挑战，在政策上遭到摒弃。从福利国家建设之初的北欧国家，到如今的发达国家以及一些新兴经济体，无不渴求摆脱低生育率陷阱、使生育率回升到更可持续水平的回天之术。从文献和现实中都可以看到，社会流动不充分是生育率稳定乃至提高的最顽固障碍。同时，社会流动性也是诸多现实问题与现代化目标之间的关键连接点。

第九章"社会流动性如何影响生育率？"尝试从学理上建立起社会流动与生育率之间的因果关系。面对如何摆脱生育率长期处于极低水平这个难题，传统理论坚持认为，随着经济社会的发展，生育率的下降势所必然。这使得既有的理论无法为旨在提高生育率的政策努力提供任何指导，也是鼓励生育的政策措施呈现碎片化倾向的原因。以理论和经验为依据，本章得出一个重要结论：大致等于更替水平即两个孩子的生育率，是一种普世生育率；相应地，从高和低两个方面朝这个均衡生育水平的趋同，是一般性和趋势性现象。历史上与现实中存在的影响生育率回归的因素，均可归结到社会流动性问题上。做出这些理论判断，有助于就提高生育意愿提出有针对性和有效的政策建议。

第十章"如何摆脱'低生育率陷阱'？"揭示传统人口转变理论范式的罅隙，从理论和政策上挑战生育率单调下降的认识。作为传统观念的理论基础，"第一次人口转变理论"所没有考虑到的事实是，影响家庭生育决策的因素，并不限于挣取的收入和消费的产品及服务，还包括不可或缺且重要性与日俱增的公共服务。针对另一个理论基础即"第二次人口转变理论"，欧美现实及其与东亚地区的比较表明，婚姻已经不再是生育的必要条件，因而婚姻制度的变化并非生育率下降的原因，现实中更为激进的婚姻制度变化，也不对应着更低的生育率。为使应对人口危机的举措有坚实的制度根基，需要构建人口与发展关系新范式。以下三条理论支柱帮助撑起这一新范式：（1）相当于更替水平的普世生育率确实存在；（2）社会流动状况决定性地影响生育意愿；（3）完善的社会福利体系为社会流动提供制度保障。

第十一章"促进社会流动的市场机会、社会政策和家庭养育"阐释社会流动的三个必要条件，即市场机会、社会政策和家庭养育三位一体支柱。本章的主题是，在中国经济增长减速，因而市场机会扩大势头趋弱的情况下，应该如何避免社会流动性的降低。一方面，实现14亿人口共同富裕的中国式现代化目标，要求保持人人向上通道畅通无阻，充分社会流动也是高质量发展的题中应有之义。另一方面，资源重新配置的空间既未耗竭，新的经济增长动能也正在开启，因此，保持社会流动性的发展基础仍然牢固。扩大社会流动、避免阶层固化和贫困代际传递，应该从完善三支柱着眼，推进体制改革、政策调整和制度建设。一是着力拓展市场机会并促进成果分享，打牢促进社会流动的物质基础。二是以增加基本公共服务供给为中心实施社会政策，因应紧迫现实挑战和长期制度需求。三是通过完善家庭功能推动人口高质量发展，为下一代创业者和劳动者的人力资本培养提供均等机会，促进经济持续发展和全体人民共同富裕。

参考文献

盖勒，2017，《统一增长理论》，杨斌译，中国人民大学出版社。

Giles, Chris, 2022, Difficult Choices Loom in Addressing Population Inequalities, *Financial Times*, 22 April.

上篇 | **人口与经济关系范式**

第一章

万物理论：以马尔萨斯为源头的人口—经济关系理论

　　20世纪最负盛名的经济学家凯恩斯（1997，第97页）曾经感慨道：如果是马尔萨斯而不是李嘉图成为19世纪经济学领头人，今天将是一个明智得多、富裕得多的世界。从凯恩斯成型的理论以及一些不尽成型的论述，可以看出这个说法并非凯恩斯一时的心血来潮，甚至也并不是出自学术观点上的个人好恶，而是凯恩斯把自己的研究结论与经济学说史相关联得出的严肃结论。撇开凯恩斯关于19世纪经济学发展情景的另类想象不说，马尔萨斯把人口与经济发展相联系起来的分析框架和结论，无论是对经济发展理论还是对经济发展政策，的确产生了深远的影响。甚至可以说，许多与当今世界发展难题关系密切的理论思潮、分析框架和政策主张，或多或少都打着马尔萨斯的烙印。

　　鉴于这些受马尔萨斯影响较深的理论流派关注和研究的对象是落后国家的后起赶超，因此，在很大程度上也与中国的长期经济发展过程、经历和即将来临的发展阶段、曾经面临并予解决以及有待解决的问题等,有着十分密切的联系。以中国的经验与这些理论进行相互印证,既非教条主义或食洋不化,也非后见之明,而是具有经济史和经济学说史的意义,对于以中国经验丰富和发展既有理论,以及不断完善中国特色的经济发展理论,都具有重要的学术价值和政策含义。本章尝试从源远流长且至今仍有参考价值的贫困陷阱理论、二元经济发展理论、人口红利理论和长期停滞理论等方面,考察马尔萨斯经济思想、方法的历史影响。

一 贫困陷阱理论的直接源头

马尔萨斯(2007)在其不朽名著《人口原理》中,假设人口按照几何级数增长,而以食物为代表的生活资料只能按照算术级数增长,结果便是人口过度增长,经济增长的结果反而是贫困,人们的经济活动并不能满足养家糊口的最低需要,最终,自然灾难、瘟疫、战争和饥馑对人口增长产生强制性的抑制。如果从再生产的角度看,无论何种原因产生一个超过生存需要的经济增长,由于随之而来的人口出生率提高和(或)死亡率下降,增加的人口将再一次摊薄产出的增量,使生活资料降到生存水平之下。换句话说,正是这种人口与经济之间的"负反馈机制"作用,导致经济不断回到并困于低水平均衡状态。

如果说马尔萨斯描述的这种贫困恶性循环是工业革命以前的真实写照,在他写作这本书的时代,工业革命已经在英国蓬勃兴起,"马尔萨斯陷阱"已经开始被打破。以致在经济史和经济学说史领域,很多人认为马尔萨斯的结论已经不适用于他本人所处的那个时代，并且他用以论证结论的来自不同时代、不同地区的种种事例，具有粗糙、拼凑和随意堆砌的性质（乔尔·莫克尔，2020，引言；Hollander，2017，p. 237）。至于马尔萨斯饱受后人诟病的无视技术进步的分析方法，更为主流的经济学所摒弃。

固然，《人口原理》一书中反复地叙述了来自所谓"文化落后地区""近代欧洲各国"等时间空间差异性都很大的事例，叠床架屋般地论证贫困陷阱和人口的抑制。然而，从经济史角度公允地说，马尔萨斯列举的这些现象，的确精准地刻画出了前工业革命时代以及工业革命初期，世界各地都表现出的贫困现象及其恶性循环。事实上，在工业革命经历了长期时滞之后，最终呈现促进经济增长的效果之前，人类社会几千年都可以被看作马尔萨斯时代。而且，工业革命之后出现了所谓的"大分流"，其中被遗忘的部分，即发达国家之外仍然贫穷的发展中国家，以及发展中国家内部分化出的落后地区，仍然适用于以马尔萨斯意义上的贫困恶性循环来刻画。

因此，早期发展经济学中的贫困陷阱理论，就是按照马尔萨斯的分析传统而形成的，这些经济发展理论在 20 世纪 80 年代式微之前，已经发展到很高级的程度，而且至今不乏对贫困现象的解释力。例如，一些经济学家从两个方面尝试解释，为什么以纳克斯（Ragnar Nurkse）为代表的古典发展经济学至今仍然具有重要价值。一方面，早期古典发展经济学萃取了历史上的发展经验，形成了所谓的高级发展理论，并且在第二次世界大战后启发了一些贫穷国家的最好经济赶超实践。另一方面，古典发展经济学被宣告终结，以及随后"华盛顿共识"的兴起，并非由于建立模型方法发展的结果，而是出自对东亚发展的成功经验和拉丁美洲发展的失败教训的误解，甚至可以追溯到对亚当·斯密发展理论的误读（Kattel et al., 2009）。

我们不妨以纳克斯的经济发展模型为例，来考察贫困陷阱理论与马尔萨斯的理论渊源。这样做并不意味着纳克斯的理论有多么明显的马尔萨斯基因，而是因为纳克斯可以作为发展经济学在学说史上达到顶峰时的高度。马尔萨斯的经典逻辑是，由于存在报酬递减现象，随着人口密度的提高，人均资本被稀释因而工资水平下降，终究导致静态的人口增长。

下面，让我们先借助图1中的内圈所表示的这个经济循环，理解贫困陷阱理论普遍具有的基本原理。纳克斯的出发点就是马尔萨斯陷阱，即相对于其他生产要素而言过多的人口，导致经济处于停滞状态。纳克斯从生产不足或低水平均衡状态出发，认为欠发达国家的贫困是一个因果循环，其中资本不足既是这一因果链条的起点，也是其终点。低生产率导致低收入，进而导致储蓄意愿不强和积累能力不足；资本形成不足反过来维系着这个产出不足的循环。

纳克斯把这种恶性循环看作一种稳定均衡状态，称之为"欠发达均衡"（Bass, 2009）。然而，与马尔萨斯理论根本不同之处在于，或者说看似不具有马尔萨斯渊源之处在于，纳克斯并没有把自己理论的架构建立在人口过剩的基础上，更没有从中引出抑制人口的政策含义。在纳克斯看来，打破恶性循环需要一个临界最小规模的储蓄水平和全面的大规模投资，或所谓"平衡增长"（balanced growth）和"大推动"（big push）。不过，正是因为存在着人口增长周而复始地把经

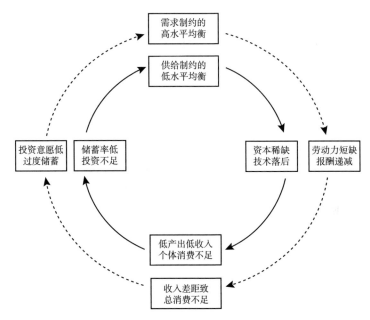

图 1　两侧两陷阱：供给制约的低水平均衡和需求制约的高水平均衡

济增长拉回到原来的均衡状态，才有这样的贫困陷阱，并形成几乎所有贫困陷阱理论的初始点。只不过，与马尔萨斯早期理论乃至后来的马尔萨斯主义者的主张不同，现代经济学家终究要找到打破这个恶性循环的出路或外力。

二　二元经济发展模式的思想渊源

霍兰德尔（Hollander, 2017, p. 238）认为，马尔萨斯是最早严谨地进行二元经济或两部门分析的经济学家。马尔萨斯区分农业与工商业作为对应的两个部门，是依据如下逻辑：在农业即谷物生产的部门，投入品和产出品是同质的，在数量上可以进行比较；而在制造业和商业中，投入品和产出品之间却不能进行数量比较，只能进行价值的比较（马尔萨斯，1962，第 222 页）。因此，在使用"高"和"低"这种词汇时，用在（工商业的）利润上，总是指"比率"或"比例"而言；用在（农业的）工资上，总是指"数量"或"金额"而言（第218 页）。在这样一个两个部门、两种机制作用的二元模型中，利润率是在农业内先确定，然后，依据食品和制造品之间的贸易条件变化应用于工业（第 238 页）。这种部门划分和分析，固然并不等同于刘易斯二元经济模型，但是同后者的农业部门，或不使用资本进行生产的"维持生计"部门与资本主义部门相对应的二分法已经内在地相通了（Lewis, 1954）。

作为二元部门划分中的重要一方，农业的特殊性显然在于其作为人口过度增长而形成的剩余劳动力的蓄水池。只需加上若干条件的限制或说明，马尔萨斯的人口理论便可以应用于传统农业部门。虽然人口转变理论，即人口再生产模式分别经历"高出生率—高死亡率—低增长率"到"高出生率—低死亡率—高增长率"再到"低出生率—低死亡率—低增长率"三个阶段的理论，在刘易斯写作的时代已经形成 [1]，对此，刘易斯既有所了解，却也有可能了解得不够充分和全面。例如，他自称对死亡率下降的机理了解得比较确切，对于出生率变化的机理却知之甚少（Lewis, 1954）。但是，这种了解已经足够，因为

---

[1] 关于这个领域学说史的一个简述，请参见 Caldwell (1976)。

刘易斯所处的时代或者他所描述的情境，正是死亡率已经下降，而出生率仍然较高的人口转变第二个阶段，因此，他和马尔萨斯一致同意的是，经济增长和相应的一定程度的工资提高，必然会使农业中累积起过剩人口，进而增加劳动力供给[1]。

由于工商业是从农业中分离出来的，所以前者并不承受劳动力过剩的后果。而在刘易斯二元经济发展理论中，剩余劳动力反而成为工商业发展的有利条件。应该说，写作《政治经济学原理》时的马尔萨斯以及刘易斯，都把过剩人口的性质限制在农业部门，从构建二元部门分析框架来看无疑是正确的。由于有报酬递减这个假设前提，马尔萨斯（1962，第336页）认识到，在劳动力充裕条件下，为任何数量的资本寻找有利的运用途径都没有什么困难。这在理论逻辑上对应着这样一种假设，即劳动力充足可以避免资本报酬递减现象的发生，这无疑也与刘易斯描述的在工资不变的条件下，随着非农部门资本积累的扩大，可以不断吸收剩余劳动力的二元经济发展过程相契合。

克鲁格曼（Krugman，1994）曾经系统讨论过发展经济学的兴衰，主要解释了在20世纪40年代到70年代曾经达到巅峰的早期发展经济学（high development economics），何以在后来的经济学演进中日益变得籍籍无名，并导致整个发展经济学被主流经济学圈子所抛弃。他认为，以罗森斯坦·罗丹、赫希曼、缪尔达尔、纳克斯等人为代表的那个巅峰时期的发展经济学家，理论框架中都

---

[1]　正是在这个意义上，作者认为并曾阐释，各国的一般经济发展在马尔萨斯贫困陷阱阶段与刘易斯二元经济发展阶段之间，存在着一个格尔茨内卷化发展阶段（蔡昉，2015）。

有"规模经济"或"报酬递增"的假设，而这个假设在当时，从经济学的分析技术上来说尚无法建立起标准的理论模型。因此，随着经济学日益走向精准模型化，受困于此而不能与时俱进的发展经济学便式微了。其中最重要的一个人物赫希曼（Albert Otto Hirschman）是克鲁格曼评论的主要对象，并且被称为"悲剧性英雄"。无独有偶，曾经最著名的对于这个时期发展经济学的批评者拉尔（Deepak Lal，参见拉尔，1992），也把赫希曼作为批评对象，反对其结构主义方法及结论，拉尔自己则倡导亲近市场机制的新古典主义发展经济学。

但是，作为这个巅峰时期发展经济学的一位杰出代表，刘易斯把立论的基础建立在劳动力无限供给假设之上，即由于报酬递减规律的作用，农业中已经积累起大量边际生产力为零或负数的剩余劳动力[1]，工业不断吸收劳动力而无须把工资实质性地提高到农业报酬的水平之上，并且可以获得收益从而持续增长的循环动力，因而，对他来说，无须做出规模经济的假设，便足以搭建起二元经济理论框架（Lewis, 1954; Krugman, 1994）。刘易斯在其《劳动力无限供给条件下的经济发展》一文中（Lewis, 1954），开篇伊始便指出：本文是按照古典经济学的传统写作的，做出了古典的假设，提出了古典的问题。而在霍兰德尔（Hollander, 2017, p. 237）看来，正是马尔萨斯基于报酬递减原则得出了实际工资下降的结论，为正统的古典增长理论（"canonical" classical growth model）奠定了基础。

---

[1]　正因为如此，作者把"格尔茨内卷化发展"作为"马尔萨斯贫困陷阱"与"刘易斯二元经济发展"之间的一个发展阶段（蔡昉，2015）。

在这方面，马尔萨斯不仅指出在土地有限的条件下，工资与利润同时下降的现象，而且特别强调了相对于资本，劳动力无限供给导致工资独自下降的现象。不过，在他的假设中，工资也可以有所增长，以此作为人口增长从而劳动力供给充足的必要条件，同时又不能让工资增长过快，以免造成对劳动力需求的降低（马尔萨斯，1962，第193页）。所有这些，都成为刘易斯二元经济理论模型的重要起点和内含假设。

20世纪90年代兴起并逐渐流行的人口红利理论认为，人口对经济增长的影响既不是来自人口增长率，也不是由于人口总量变化，而是特定的人口年龄结构（从而丰富的劳动力），可以被转化为经济增长的额外源泉，从而创造出人口红利（Bloom et al., 2002）。严格地说，关于人口红利的研究算不上是一个独立的人口—经济关系理论，也不能说以此为基点已经形成了某种成熟的发展经济学理论。不过，一批学者在这个领域的研究，特别是使用增长核算方法对人口因素对经济增长贡献做出定量估计，可以在现代增长理论的意义上加深和拓展对刘易斯模型的认识；或者从更宽泛一些的角度来看，一些经济学家从事国民收入转移核算（National Transfer Accounts, NTA）的研究（UN, 2013），对于宏观经济学理解人口与储蓄、消费、养老等行为的关系，具有技术和方法意义上的重要贡献。

三 长期停滞理论的历史逻辑

凯恩斯（1997，第102页）在评论马尔萨斯时讲过这样的话：虽然我们永远也无法抛弃使我们升高的这一阶梯，但这绝不说明我们不能借助于它更进一步。很显然，对待马尔萨斯的思想遗产，凯恩斯所持的就是这样的态度。从马尔萨斯那里，凯恩斯无疑可以获得诸多的启发，其中最重要的莫过于储蓄与投资的平衡，以及消费与生产的平衡。特别是马尔萨斯提出的有效需求概念，成为后来了解凯恩斯经济学的核心概念。然而，值得提出的一个经济学说史的假设情景是，按照马尔萨斯的内在逻辑，作为超级崇拜者并且自身成就无比巨大的凯恩斯，原本可以构造起一个需求视角的（长期）增长理论。

如果我们从后人的角度，对凯恩斯这方面散见的论述及感想做一个远眺或鸟瞰的话，或可不揣冒昧地做出一个猜想，凯恩斯与一个本该以他本人命名，或者与马尔萨斯共同命名的增长理论数次擦肩而过。凯恩斯太过聪明、热衷于辩论，以致终究没有严肃地追寻这个线索，只是忍不住逞口舌之利，甚至在面对争辩对手批评他没有考虑长期问题时，竟然自鸣得意却语焉不详地宣称：长期来看我们都将死去。从学说史的角度看，这实在是一个莫大的讽刺，也是一个无比的遗憾。至此，让我们再回到图1，观察其外圈表达的经济循环过程，看一看凯恩斯没为后人建立起来的增长理论大略是什么样子。

这个循环不同于马尔萨斯陷阱的关键点，在于做出了劳动力短缺和资本报酬递减的假设，因此，一方面，收入差距的存在导致消费需求不足；另一方面，投资意愿低导致过度储蓄。这就造成一个因有效需求不足而形成的非良性循环，或者说高水平均衡状态。当年的发展经济学流传着一句名言——"一个国家贫困是因为其贫困"（A country is poor because it is poor），被称为纳克斯招牌式的表述（Kukk and

Kukk, 2009)。我们借用这个语式,考虑到"贫穷的"(poor)这个词汇在英文中的多重细微含义,对图 1 的里圈和外圈所描述的两个不同的循环特征做出以下概括:其一,对里圈所表示的循环,可以说一个国家贫困,是由于人口增长过度造成供给侧能力捉襟见肘;其二,对外圈表示的循环,可以说一个国家停滞,是由于人口增长不足造成需求侧能力羸弱无力。

在《政治经济学原理》第二卷第一章第二节中,马尔萨斯(1962,第 258~260 页)不仅为凯恩斯的有效需求提供了学说史的源流,更是把自己的人口理论与经济发展理论做了衔接,闪烁出从需求侧构造长期经济发展理论的熹微曙光。我们用供求曲线设想一个需求制约和解除制约后的增长路径。图 2 假设需求曲线 D 仅表达人口增长所决定的有效需求,则 D_1 是没有弹性的,即过度人口增长不对经济增长做出贡献,即便供给侧潜在增长能力能够提高,譬如供给曲线从 S_1 提高到 S_2,这个无弹性的需求也不予支持。这时,实际产出只能是 Q_0。设想 D_2 是能够实现就业并有工资增长从而收入增长的人口需求,则 D_2 便有了必要的弹性,可以保障供给侧潜在增长率提高的有效需求条件,当供给曲线从 S_1 提高到 S_2 时,实际产出可以增长到 Q_1 的水平上。

这里,我们也可以把 D_1 看作纯粹马尔萨斯意义上的人口因素所决定的需求曲线,而把 D_2 看作打破马尔萨斯陷阱之后,考虑到就业、工资增长、收入分配等因素之后的人口因素所决定的需求曲线。由此,便产生了凯恩斯所谓的两个"马尔萨斯魔鬼":一个是马尔萨斯强调的人口过度增长导致的生活水平降低,另一个则是马尔萨斯所不

知道的，即人口增长停滞带来的失业（包括劳动和资本不能得到充
分利用）。凯恩斯从需求方面提出问题，即人口增长停滞会减少消费
因而造成产出过剩，认为人们在锁住人口"魔鬼"的同时，如果应
对不当则会放出失业这个"魔鬼"，这将给经济增长带来灾难性后果
（Keynes, 1978）。对应图 2 所示，第一个"魔鬼"是人口过度增长造
成的 D_1 和 Q_0 的情景，第二个"魔鬼"则是人口增长停滞，导致不同
于图 2 中所示 D_2 支撑 S_2 的另类情景。

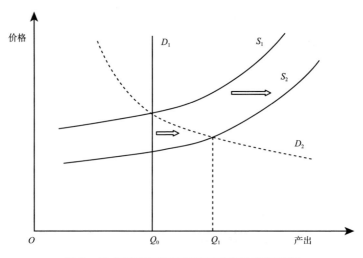

图 2　需求制约和解除制约后的经济增长路径

遵循类似的思路，继凯恩斯 1937 年的著名演讲之后，艾尔文·
汉森（Hansen, 2004）于次年在大西洋彼岸也做了一个演讲，可谓凯
恩斯演讲的续篇。他的整体逻辑是，停滞的人口增长对总需求产生不
利影响，生产性资源长期不能得到充分利用，特别是资本需求羸弱，

导致储蓄不能转化为投资需求。而由于存在收入差距，再分配缺失使得社会福利支出不能得到必要的增加，因此，消费需求扩大也不足以抵消投资需求下降的效果。由于他认为技术创新、新领域的发现和人口增长是经济增长的根本原因，因此，在其他因素不变的条件下，人口因素便足以从需求侧制约经济增长。他把这种现象称为"长期停滞"（secular stagnation），这样就与马尔萨斯的逻辑产生了血脉相承的关系。

根据霍兰德尔，马尔萨斯也是最早分析了长期停滞问题的学者，即在存在很大的（供给侧）增长潜力的条件下，总需求不足会产生阻碍产出持续增长的效应，并由于消费的减少从而储蓄的增加压低投资回报率（Hollander, 2017, p. 242）。用马尔萨斯（1962，第298页）自己的话说，生产能力无论多大，都不能单独保障自身潜力得到发挥，而要以对全部产品的有效需求得到充分释放为前提。并且，他还指出了产品分配方式及其与消费者的适应性，是保持有效需求的重要条件。最后这一点，在凯恩斯（1937年）和汉森（1938年）的演讲中也都有涉及。

故事到此还没有结束，历史总是重复自己。劳伦斯·萨默斯（Summers, 2016, 2018）指出，至少从2008~2009年全球金融危机之后，由美国乃至西方国家主导的世界经济就陷入长期停滞，表现为低长期利率、低通货膨胀率和低经济增长率。如果做出完整理解的话，这个长期停滞既是供给侧现象也是需求侧现象。虽然萨默斯把长期停滞归咎为宏观经济政策中的需求不足问题（Summers, 2018），但是，他和合作者（Eggertsson et al., 2019）概括的人口老龄化对经济增长的影响机理，同时也指出了长期停滞问题的供给侧根源，即随着人口老龄化的加深，一方面，经济活动人口比例降低会导致经济增长减速；另一方面，通过资本深化提高劳均资本，或者通过技术进步提高全要素生产率，也可以抵消老龄化的负面效果。然而，一旦名义利率下限制约利率的调整[1]，这种供给侧的抵消因素则不能发挥作用。也就是说，老龄化不利于经济增长和生活水平提高，最终是从需求侧表现出来的。

四　中国发展实践的理论对应性

中国经济发展的奇迹，并不无条件地证明任何现有的理论假说，同时却可以在几乎所有关于经济增长的理论中，因时因地找到对应性和相关性。[2]首先，改革开放之前，由于计划经济体制和政策失误，特别是"十年动乱"使得中国经济濒临崩溃，可以说一度处于马尔萨斯贫困陷阱之中。根据世界银行的数据，1978年中国的人均GDP仅为158美元，相当于南部撒哈拉贫穷国家平均水平的31.6%。这种状况主要是体制弊端所导致，因此，解决贫困问题的关键一招是实行经济体制改革，特别是在农村实行家庭联产承包制，一举打破贫困恶性循环，解决了普遍贫困的问题。与此同时，农业剩余劳动力也从隐蔽状态显现化。不无巧合的是，几乎在同时，国家也开始执行严格的计

---

[1]　在评论马尔萨斯同李嘉图在储蓄与投资平衡问题上的争论时，凯恩斯（1997，第99页）也强调了利率调整下限所起的作用。

[2]　本部分的深入阐释请见Cai（2016）。

划生育政策，使生育率在 20 世纪 70 年代大幅度下降的基础上进一步降低，直到 90 年代初降到 2.1 的更替水平之下。

其次，改革开放的深入推进在非农产业创造了大量的就业机会，随着阻碍劳动力流动的体制障碍不断被清除，农业中的剩余劳动力经过从种粮到农林牧副渔、从农业到乡镇企业、从村庄到小城镇、从农村到城市、从中西部到沿海地区等阶段，得到大规模的重新配置。这个过程在宏观层面创造了资源重新配置效率，提高了全要素生产率和劳动生产率，在微观层面扩大了劳动参与率，增加了城乡居民收入。农业劳动力的转移过程中，非农产业发展得益于充分供给的劳动力以及低廉的工资成本，赢得了制造业比较优势和国际竞争力。随着剩余劳动力得到越来越充分的吸纳，劳动力无限供给特征便逐渐消失，在 2004 年前后，中国经济迎来其刘易斯转折点。这个剩余劳动力转移促进工业化、城市化及经济发展的过程，诠释了一个既经典，同时具有中国特色的二元经济发展全过程。

再次，人口红利也恰好产生于改革开放的这个时期，并在上述经济发展过程中体现出来并得到兑现。1980~2010 年，中国 15~59 岁劳动年龄人口以年均 1.8% 的速度增长，而非劳动年龄人口（青少年和老年人）同期增长率则为 –0.2%，使人口抚养比（非劳动年龄人口与劳动年龄人口的比率）不断下降。这个人口特征因素，通过保障劳动力数量的充分供给、劳动者素质的迅速提升、储蓄率和投资回报率双双居高、劳动力转移提高资源配置效率等机制，形成了这一时期很高的潜在增长能力，从而推动实现了高达 10.1% 的 GDP 实际增长率。由于这些经济增长的主要贡献因素都与人口结构的变化相关，可以说，这个时期中国经济增长极大得益于人口红利。

最后，有利于经济增长的人口年龄结构，是特定人口转变阶段的结果，因此只是在一定时期内存在。也就是说，人口红利不是永恒的经济增长源泉。在人口老龄化过程中，必然会出现两个转折点，也就是随着人口红利消失，经济增长减速乃至产生长期停滞倾向的两个重要步骤。在 2010 年，中国的劳动年龄人口达到峰值，随后进入负增长。劳动力短缺、人力资本改善速度放慢、资本回报率下降、资源重新配置空间缩小，都导致潜在增长率降低，使中国的实际增长进入减速时代。据预测，中国总人口的峰值预计在 2025~2030 年达到，随后中国便进入人口负增长时代。根据理论预期和国际经验，这个转折点的到来，不可避免会产生削弱需求，特别是抑制消费需求的效应，使中国经济增长受到需求侧制约。一旦社会总需求不能支撑供给侧潜在增长率，则经济增长就会经常性出现产出缺口 [1]。

中国经济发展的经验，无疑为诸多经济发展理论提供了检验自身的丰富素材，也确实使一些分析框架得到了用武之地。这也是在意料之中的。毕竟，各种理论都旨在帮助经济学家和政策制定者分析特定发展阶段遇到的特定问题，进而从特定的角度认识事物变化趋势。人口与经济之间的对立统一关系是永恒存在的，更是发展中国家在实现赶超过程中不可回避的现实，可以说由此产生的挑战贯彻了整个经济史，相关的命题则成为经济学说史的一条重要脉络。从这个意义上，作为第一位公认的人口学家和第一位剑桥经济学家的马尔萨斯，因其

---

[1] 实际增长率减去潜在增长率之差。参见蔡昉（2021）。

理论的源远流长，确实具有"万物理论"的特质。

然而，中国经济发展的成功，归根结底在于实行改革开放，在于改革开放在方向选择和推进方式上的正确性。离开这一根本，无论是在中国还是在其他发展中国家，任何经济理论和先验的模式都不可能变为现实。从另一个角度来看，从中国经济发展的演进逻辑以及面临的挑战来看，完全应该也可以根据自身的实践，形成一个需求侧视角的长期增长理论。迄今为止，经济增长理论都是着眼于供给侧增长能力和条件的分析，然而，中国在新的经济发展阶段和人口转变阶段上，既遇到供给侧冲击，也即将面临需求侧冲击，应对挑战的实践经验与理论探索，带来丰富和发展现代经济学的机遇。

五　如何活用已故经济学家的思想？

凯恩斯有句名言：实干家总是以为自己不受任何成见的左右，其实他们往往已被某个已故的经济学家所俘获。这句话有两个延伸的含义：其一，政策制定者有意识地制定的政策，归根结底是有其经济学思想渊源的；其二，如果以上含义确有其事并且不可避免的话，为了提高这种受启发过程的效率，并使其具有更精准的取向，政策制定者和经济研究者应该主动从学说史中汲取营养。或许正是出于这个想法，凯恩斯认为，追溯学说史是从事研究的过程中打开脑洞的必要开端。

从某种意义上说，本章以"万物理论"为主标题，既非为了从一部描写斯蒂芬·霍金的同名电影那里蹭热度，也并不仅仅是以夸张的方式表示对马尔萨斯历史贡献的折服。在经济学文献的阅读中,一个经常让人惊叹不已的现象是,许多看似十分不同,甚至彼此尖锐对立的争论双方的理论,其实内在有极多的共同点,无论是就其逻辑、结论还是政策含义而言。作为一个经济学说史的消费者而非生产者,即如果我们自己不是专门从事经济学说史的研究,而只是为了从中找到对于我们思考的现实问题有所启发的东西的话,务必要秉持一种兼收并蓄的态度。换句话说,需要以脑洞大开的态度对待学说史,非此则不能取得打开脑洞的结果。

经济学发展中异彩纷呈的思想流派,甚至经济学的学科分支、门类等划分,各自都只是经济发展和运行的某个侧面的反映。无论分类依据是时间还是空间、内在还是外表、抽象还是具象,乃至人为划定的如楚河汉界般的各个组成部门,如产业或部门、不同收入组、发达与不发达、二元结构、两部门,等等,皆是如此。特别是当经济学本身越来越强调抽象,越来越痴迷于建立"简化,再简化"的模型时(克鲁格曼,2020),便更是如此。不仅如此,每一种被认为自成一家的学说,自身也不乏内在的矛盾,业已成型的体系与面对新问题进行的不成熟探索,甚至可能以对立的方式交织在一起。越来越精细、简单、数学化的理论模型固然可以减少这些自相矛盾甚至不能自洽的现象,同时便也失去了思想发展过程的丰富与鲜活的特性。

在面对这种种分门别类做法的情况下,从事经济研究的群体和个体,为了表达自己的身份认同或学术归属感,通常要选择加入一个分类的行列,如自称人口经济学家、工业经济学家或其他,或者在学术观点上主动地选边站,如自称凯恩斯主义者、新自由主义经济学家或其他。有些人根据自己的需要，在不同的场合会捡起某某学派的工具为我所用；另一些人则更注重保持分析方法和观点的一以贯之，或者具有某种程度的"忠诚度"，因此会比较稳定地运用特定学派的分析工具，或引述其学术观点。这种山头林立、壁垒森严、各为其主的画地为牢，使得经济学各种理论流派陷入旷日持久的有益或无益争端，或者"你方唱罢我登场"的循环往复之中，非黑即白、非此即彼，要么被奉为主流，要么被主流摒弃，这对人类智慧的历史积淀委实造成极大的浪费。

培养兼收并蓄的情怀和工作习惯，一个有益的方法便是把客观世界中的现实问题及其演变路径，与特定的理论流派对应起来，借鉴后者有益于分析特定问题的优长之处，暂且丢开其不相干的方面。作者曾经对经济史上的发展阶段进行过一个划分（蔡昉，2015），即一般会经历：（1）马尔萨斯贫困陷阱（M 类型增长）；（2）格尔茨内卷化发展（G 类型增长）；（3）刘易斯二元经济发展（L 类型增长）；（4）刘易斯转折点（T 类型增长）；以及（5）索洛新古典增长（S 类型增长）。这些发展阶段或增长类型，分别对应着某些可以做出相对有针对性的理论解释，我们自然应该借来使用。

其中，前四个阶段及其对应的理论，都与本文讨论的马尔萨斯理论传统相关，并且已经在中国经验中找到了用武之地。而随着人口红利的消失，中国经济增长不再能够从投入型增长模式获得持续驱动力，资源重新配置的空间也在缩减，因而越来越需要倚仗索洛强调的全要素生产率的提高。就这个意义而言，面对中国经济发展的新挑战，经济学家更加关注与索洛相关的、旨在探讨生产率源泉的经济理论，既可以秉持历史逻辑上的传承性，也符合问题导向的与时俱进品质要求，从而形成和发展中国特色的经济发展理论。

参考文献

保罗·克鲁格曼，2020，《我的工作方法》，载《克鲁格曼的经济学讲义》，于江译，中信出版集团。

蔡昉，2015，《二元经济作为一个发展阶段的形成过程》，《经济研究》第 7 期。

蔡昉，2021，《双侧记：人口老龄化如何影响中国经济增长？》，《比较》第 2 期。

迪帕克·拉尔，1992，《"发展经济学"的贫困》，葛卫明、朱菁、徐海、陈郁译，云南人民出版社。

J. M. 凯恩斯，1997，《凯恩斯文集·精英的聚会》，刘玉波、董波译，江苏人民出版社。

马尔萨斯，1962，《政治经济学原理》，厦门大学经济系翻译组译，商务印书馆。

马尔萨斯，2007，《人口原理》，丁伟译，敦煌文艺出版社。

乔尔·莫克尔，2020，《启蒙经济：英国经济史新论》，曾鑫、熊跃根译，中信出版集团。

Bass, Hans H., 2009, "Ragnar Nurkse's Development Theory: Influences and Perceptions", in Rainer Kattel, Jan A. Kregel and Erik S. Reinert (eds.), *Ragnar Nurkse (1907–2007): Classical Development Economics and Its Relevance for Today*, Anthem Press, pp. 183-202.

Bloom, David E., David Canning, and Jaypee Sevilla, 2002, *The Demographic Dividend: A New Perspective on the Economic Consequences of Population Change,* Santa Monica, CA, RAND.

Cai, Fang, 2016, *China's Economic Growth Prospects: From Demographic Dividend to Reform Dividend*, Edward Elgar.

Caldwell, John C., 1976, "Toward a Restatement of Demographic Transition Theory", *Population and Development Review*, 2, pp. 321-366.

Department of Economic and Social Affairs (UN), 2013, "National Transfer Account Manual: Measuring and Analysing the Generational Economy" (Preliminary Version May 2013), ESA/P.WP/226, The United Nations, https://www.un.org/en/development/desa/population/publications/pdf/development/NTA_Manual_12June2013.pdf, 2021 年 2 月 13 日下载。

Eggertsson, Gauti B., Manuel Lancastre and Lawrence H. Summers, 2019, "Aging, Output Per Capita, and Secular Stagnation", *American Economic Review: Insights*, vol. 1, No. 3, pp. 325-342.

Hansen, Alvin, 2004, "On Economic Progress and Declining Population Growth", *Population and Development Review*, Vol. 30, No. 2, pp. 329-342.

Hollander, Samuel, 2017, "Thomas Robert Malthus (1766-1834)", in Cord, Robert A. (ed.), T*he Palgrave Companion to Cambridge Economics*, Palgrave Macmillan, pp. 233-256.

Kattel, Rainer, Jan A. Kregel and Erik S. Reinert, 2009, "The Relevance of Ragnar Nurkse and Classical Development Economics, in Rainer Kattel", Jan A. Kregel and Erik S. Reinert (eds.), *Ragnar Nurkse (1907–2007): Classical Development Economics and Its Relevance for Today*, Anthem Press, pp. 1-28.

Keynes, J.H., 1978, "Some Economic Consequences of a Declining Population", *Population and Development Review*, Vol. 4, No. 3, pp. 517-523.

Krugman, Paul, 1994, "The Fall and Rise of Development Economics", http://web.mit.edu/krugman/www/dishpan.html, 2020 年 12 月 12 日下载。

Kukk, Kalev and Kalle Kukk, 2009, "Life and Time of Ragnar Nurkse", in Rainer

Kattel, Jan A. Kregel and Erik S. Reinert (eds.), *Ragnar Nurkse (1907–2007): Classical Development Economics and Its Relevance for Today*, Anthem Press, pp. 29-52.

Lewis, Arthur, 1954, "Economic Development with Unlimited Supplies of Labor", *The Manchester School*, Vol. 22, No. 2, pp.139-191.

Summers, Lawrence H., 2016, "The Age of Secular Stagnation: What It Is and What to Do About It", *Foreign Affairs*, Vol. 95, No. 2, pp. 2-9.

Summers, Lawrence H., 2018, "Secular Stagnation and Macroeconomic Policy", *IMF Economic Review*, No. 66, pp. 226-250.

人口红利：认识中国经济
增长的有益框架

本章以改革开放时期中国经济发展过程为背景，简述经济学界对于人口—经济关系的认识变化，以过程和文献回顾相结合的方式，概述人口红利对于中国高速经济增长的贡献，阐释人口红利理论在中国语境下的有效性和解释力，特别是解释人口红利理论在中国的丰富和发展。需要指出的是，把人口转变与经济增长结合起来对中国经验的研究，与在国外经济学界形成的人口红利理论并不完全等同。一方面，正如无数案例所表明的那样，打开认识中国经济发展的大门，永远不可能指望一把万能钥匙，要求以中国的特殊经验为依托，在理论上批判性地兼收并蓄；另一方面，秉持开放态度并深入研究中国经验，还有助于修正人口红利理论的一些不足，丰富和发展这一研究范式。

一 解释中国经济高速增长和阶段变化

在 1978 年以来的 40 余年中，中国创造了史无前例的发展奇迹，即实现了一个在最长的时间里、在日益增大的经济总量基础上，使最大规模人口参与和共享成果的高速增长。中国经济发展显现出的这种特征，无疑与中国庞大的人口规模有关。因此，一种着眼于阐述和检验人口与经济增长关系的理论和研究范式，必然适宜于解释中国经济发展奇迹，同时按照逻辑的延伸，该理论和范式也应该有助于揭示中国经济增长面临的挑战。

也正是由于中国人口规模庞大这个国情特征，人口与经济增长关系的各种理论一直对中国经验予以关注，中国学者也受到相应理论的影响。然而，对于这个理论脉络的了解，研究者和决策者很长时间以来都局限在相对狭小的文献范围内。布鲁姆等（Bloom et al., 2002）将之分别概括为认为人口增长抑制经济增长的悲观说、认为人口增长有利于经济增长的乐观说，以及认为人口增长对经济增长没有显著影响的中性说。所谓"悲观说"显然是以马尔萨斯（2012）为代表，是以工业革命之前的经验为依据得出的结论。从马尔萨斯理论渊源衍生出来的早期发展经济学，则把不发达状态视为一种"贫困恶性循环"，其特征是人口增长产生对资源和产出的稀释作用（Bass, 2009）。此外，学术界特别是经济学界，始终不乏尝试修正或者摒弃马尔萨斯及其追随理论的研究努力（Simon, 1997, Introduction, xiii-xxvi）。

20 世纪 90 年代出现并在人口—经济关系研究领域逐渐引人注目的人口红利理论，在应用于改革开放时期中国经济的高速增长时，表现出不凡的理论解释力和经验说服力。这个研究范式突破了人口—经济关系研究中主要关注人口规模和增长率的传统，转而把关注点放在人口转变过程中随着生育率和死亡率变化而变化的人口年龄结构特征。在劳动年龄人口增长快并且占比高的情况下，这种年龄结构有利于经济增长，由此形成独特的增长源泉，被称为人口红利（Bloom et al., 2002）。此类研究最适宜的经验检验场所，是经济史上和当代的后起经济体对早期工业化国家的赶超过程。相应的经验研究表明，在人口转变一定阶段上发生的劳动年龄人口比重提高和抚养比降低，产生了支撑经济增长的额外源泉或人口红利，使经济增长在更高的速度上、较长的时间里得以持续，因而成为赶超成功的关键因素（Bloom and Williamson, 1997; Williamson, 1997）。

应该说，人口红利的研究并没有成为经济增长理论的主流。然而，如果认真将其研究结论与从新古典增长理论主流假设出发的一些研究进行比较，人口红利理论实际上破解了传统理论中存在的一些不必要的疑惑和误判。例如，艾尔文·扬（Young, 1992）和保罗·克鲁格曼（Krugman, 1994）曾经尖锐地批评亚洲四小龙的增长方式，认为这些国家和地区的经济增长，因单纯依靠资本的积累和劳动的投入，缺乏生产率的实质性进步，终究会遭到报酬递减规律的报复而不可持续。这正是因为他们没有考虑到人口红利的作用，只是从新古典增长理论的假设出发进行的判断。然而，在存在人口红利和劳动力无限供给特征的后起经济体，依据发达国家经验做出的劳动力短缺从而资本报酬递减假设，很难做出令人信服的解释。虽然人口红利理论并没有直接挑战新古典增长理论的意图，但是，受这种研究范式启发，以中国实践为对象进行更为深入的研究，可以揭示出新古典增长理论假说的局限性（蔡昉，2010b）。

二 在中国语境下认识人口—经济关系

在中国的理论和实践中，把规模庞大和快速增长的人口看作经济增长的负面因素，具有长期的传统。例如，早在 20 世纪 50 年代，马寅初（1998）就论证了人口过快增长对资金积累、工业原料供给、劳动生产率提高以及粮食保障的负面影响，并提出实行计划生育的政策建议。在 80 年代开始实行严格计划生育政策后，人口学科在中国得到恢复和发展，学术研究和政策讨论十分活跃。但是，人口研究在很长时间里主要围绕论证计划生育政策进行。在经济社会发展和政策效应的共同作用下，人口转变的突出效果逐渐显现，甚至出现了一些过犹不及的表现，人口学家对生育率过低以及带来老龄化等问题提出警示，逐渐开始探讨计划生育政策退出的必要性，人口理论和统计问题的讨论也越来越得到包容，呈现观点和方法的多样化（邬沧萍等，2007）。不过，总体来说，人口学研究还是局限在描述生育、死亡、迁移、性别比等人口特征范围内，政策建议也主要以人口变化本身为着眼点（郭志刚等，2014）。

中国的人口转变及其与经济增长的关系，为人口红利研究提供了难得的素材。首先，中国用了大约 30 年的时间，完成了发达国家用一倍以上的时间，甚至上百年才完成的从高生育水平到低生育水平的转变过程。快速经济社会发展，使中国的生育率不仅在 20 世纪 90 年代初降到更替水平之下，而且在那之后继续显著下降，人口快速增长的势头得到了控制。就此而言，中国遵循了人口转变的一般规律。其次，中国的丰富实践可以使这个理论更加充实。在改革开放时期，中国经历了两个堪称人类历史上最大规模的人口变化过程，分别是以生育率下降为主要内容的人口转变，以及劳动力的产业转移和区域流动。最后，人口转变的一般趋势和具体表现，均与同样高速的经济增长和产业结构变化相伴发生，因而人口转变与经济发展的关系得以更清晰地展现出来，为研究者拓展这个领域的研究提供广阔的用武之地。

相应地，一般性与特殊性相统一的人口转变，也就成为破解中国经济发展之谜的一把钥匙。人口红利理论及其研究范式因此成为一个值得借鉴，并且可以带来令人信服结论的工具。国内外研究者开始从获取人口红利的角度，认识中国改革开放时期的经济增长表现，并从经验上实际估算了人口红利对经济增长的贡献。例如，王丰和梅森（Wang and Mason, 2008, p. 147）以人口抚养比作为人口红利的代理指标，估计出 1982~2000 年，人口红利对中国经济增长的贡献率为15%。蔡昉和王德文（Cai and Wang, 2005）的估计显示，同一时期抚养比下降对人均 GDP 增长的贡献率高达 26.8%。

人口红利估算中的典型做法是，选择一个与人口转变相关的统计指标——通常是人口抚养比（即非劳动年龄人口与劳动年龄人口的比率），作为人口红利的代理变量并纳入增长核算或增长回归模型，估计其对经济增长的贡献。诚然，这样做可以更加直观地观察并宣称，在特定人口转变阶段上形成的人口年龄结构特征，实至名归地对经济增长具有显著的积极贡献。与此同时，这种做法也把人口红利狭义化了，造成对人口红利实际贡献的低估。这是因为，伴随着劳动年龄人口的增长以及人口抚养比的降低，通常其他经济增长变量也变得有利于经济增长。

从中国的经验来看，人力资本改善速度、储蓄率和资本回报率、资源重新配置效率进而劳动生产率和全要素生产率等，都因特定的人口结构特征而有利于经济增长，因而成为人口红利的表现（Cai and Zhao, 2012）。从这个认识出发，诸多对改革开放时期中国经济增长进行计量分析的文献，都可以作为人口红利存在及贡献的经验证据。首先，处在低位并且持续下降的人口抚养比有利于实现高储蓄率，而劳动力无限供给特征则延缓资本报酬递减现象的发生，从而使资本积累成为经济增长的主要引擎（World Bank, 1998; Cai and Zhao, 2012）。同时，在二元经济发展阶段上，劳动力无限供给特征的存在，被证明的确在一定时期内延缓了资本报酬递减现象的发生（Bai et al., 2006）。其次，有利的人口因素不仅保障劳动力供给，还确保了劳动力质量不断提高，使人力资本对经济增长做出了显著贡献（Whalley and Zhao, 2010）。再次，新成长劳动力和城乡富余劳动力在产业、行业和地区之间流动，创造出资源重新配置效率，成为全要素生产率从而劳动生产率的主要组成部分（World Bank, 1998；蔡昉，2017）。最后，上述因素从要素供给和资源配置效率角度，显著地提高了这一时期中国经济的潜在增长率。例如，1979~1995 年为年均 9.7%，1997~2010 年为10.4%（Cai and Lu, 2013）。这奠定了高速增长的基础，从理论上和经验上都可以提供人口红利作用的最可信服证据。

三　人口红利产生与消失及经济影响

马寅初并不了解人口转变理论的发展，因此也未能预期生育率和人口增长率的下降。在当代中国，无论是总和生育率（妇女平均终身生育的孩子数），还是人口出生率及人口自然增长率（出生率减去死亡率），从 20 世纪 60 年代中期均开始持续下降。改革开放以来的经济社会发展和计划生育政策实施，推动了生育率的进一步下降。20 世纪 90 年代初，总和生育率就已经降到 2.1 这一维持人口不变所需要的更替水平之下。生育率和人口增长率的这种变化趋势，依次推动形成人口转变的不同阶段，也带来若干关键性的转折点，每一个阶段和转折点都对经济增长产生显著的影响。

1980~2010 年，中国 15~59 岁劳动年龄人口以年均 1.8% 的速度增长，而非劳动年龄人口的增长则基本停滞，同期年均增长率为 −0.2%。这两个年龄组人口增长形成张开的剪刀差形状，即意味着人口抚养比的下降，帮助形成了"生之者众、食之者寡"的人口结构，打开了人口机会窗口。随后，在劳动年龄人口于 2010 年达到峰值之后，从 2011 年开始进入负增长轨道，人口抚养比同时开始升高。相应的，劳动力短缺、人力资本改善减缓、资本回报率下降以及资源配置效率提高空间缩小，共同导致潜在增长率下降。根据当时的估算，中国 GDP 潜在增长率从 2010 年之前的 10% 左右，降低到"十二五"期间的 7.6% 和"十三五"期间的 6.2%，预计"十四五"期间进一步下降到 5.5% 左右（Cai and Lu, 2013），并且这个减速还将继续下去（谢伏瞻主编，2020）。潜在增长率的这个规律性下降，反映在 2012 年以来实际增长率逐年呈现的下行趋势，标志着人口红利的消失。

由此可见，人口红利是人口转变和经济发展两个过程特定阶段上的现象，在一定条件下会产生，在关键条件发生变化时便消失。因此，认识这些人口转变的阶段和转折点，以及与之相应的经济发展的阶段和转折点，是认识人口红利的关键。同样，在对人口转变阶段做出准确判断的基础上，提前预判或及早认识到人口红利的消失，具有重要的学术价值和政策含义。一方面，通过对决策者和社会各界提出警示，有助于推动政策的相应调整，提示市场和社会对变化了的情形做出恰当的反应；另一方面，有助于找到真正的问题和解决方案的关键所在，使政策更具针对性和有效性。

在很长一段时间里，对于研究者做出的人口红利即将消失的判断，学术界和政策研究领域都没有给予足够的重视。反倒出现了一些研究，否认人口红利消失对经济增长具有不利影响，或者更一般而言，否认人口老龄化具有对经济增长的不利影响。在论证方法上，这类研究往往标志性地具有以下共同点。其一，面对劳动年龄人口负增长这个事实，通常会论证劳动年龄人口总规模将保持庞大，以此否认人口抚养比提高可能产生的不利影响。其二，针对人口总量达到峰值进而转入负增长的预期，通常会以人口总规模仍将庞大的说辞，拒绝任何不利的警示。其三，对于劳动力短缺从而制造业比较优势减弱的事实，通常以劳动者质量提高可以弥补数量不足作为理由，否定人口红利消失带来的冲击。

我们可以举一个例子予以说明。一项颇有代表性的最新研究（Marois et al., 2021）认为，在老龄化的条件下，中国仍然可以通过提高人力资本、劳动参与率和生产率促进经济增长。这样的结论看似并无不妥，然而，这类研究因其方法论的缺陷，往往是建立在对他人研究结论的误解基础上，因而自身的结论也就不可避免产生误导。当人们揭示诸如人口红利消失这样的不利变化倾向时，一个基础性的方法论前提，是假设在其他条件不变的情况下，仅因人口结构的变化会使经济增长遭受冲击。老龄化与劳动力短缺相联系，这是不争的事实和已经可以观察到的现象，同时，老龄化却并不注定是与人力资本改善以及劳动参与率和生产率提高相伴随。所以，指出人口红利消失的挑战，无非是提示以往推动经济高速增长的因素正在或已经丧失，同时并不否定，反而恰恰是为了强调探寻其他更可持续增长源泉的必要性和紧迫性。

事实上，恰恰是在人口红利消失的条件下，其他诸多经济增长因素也随之发生逆转，从而在宏观生产函数的意义上，揭示出中国经济不再能够保持以往的增长速度这一事实。例如，随着受教育程度更高的新成长劳动力减少，劳动力存量的人力资本改善速度显著减慢；老年人口和大龄劳动力比重提高，天然地具有降低劳动参与率的效果；随着传统比较优势的弱化和丧失，低生产率企业如果不能退出经营，便会导致资源配置的僵化；制造业比重早熟型降低，劳动力出现过快过早向生产率更低的服务业转移，造成资源配置的退化，都使生产率提高遭遇更大的困难（蔡昉，2021）。

四　问题导向的理论创新机会

至少对于发展中国家或赶超型国家的发展实践，人口红利理论是迄今为止人口经济学诸家学说中理论解释力最强、最贴近经济发展特征化事实的一个研究流派，也为我们认识中国经济发展提供了有益的研究范式。然而，正如在特定时期、针对特定问题具有特定解释力的任何经济学理论一样，人口红利理论终究不可能在所有的时点上均具有放之四海而皆准的效力。实际上，该理论本身存在先天的缺陷。一方面，在解释中国经济发展经验时，必须结合特殊国情进行必要的修正，或者说我们所使用的人口红利研究范式，已经在中国语境中得到了改造；另一方面，面对人口转变新阶段上出现的新问题，传统的人口红利理论已经显现出一定程度的捉襟见肘，难以提出令人满意的理论解释和政策建议。

服务于三个目的，我们简单概括传统人口红利理论的此类不足。第一，我们目前采用的人口红利研究范式，已经在尝试对这些不足进行弥补，或者说一个中国风格的人口红利理论已经初具雏形。第二，我们可以更加开放的态度，借鉴各种可供互补的分析框架和分析工具，在认识人口与经济的关系中，实现历史逻辑、理论逻辑和现实逻辑的更好衔接，丰富和发展这一理论。第三，更符合实际地为解决当前的问题提出有益和有效的政策建议。

首先，传统人口红利研究范式与主流增长理论之间缺乏良好的衔接，不可避免地降低了自身认识人口与增长关系问题的广度和深度。这方面的表现看似只是在研究中局限于把人口抚养比作为人口红利的代理变量，观察其影响的显著性和幅度等技术问题。其实，更重要的是这样进行人口红利研究，便把分析范围做了自我限制，未能看到抚养比这个人口变量之外的变量，甚至很多增长核算和增长回归中采用的传统变量，其实也是与人口因素相关的。由于未能在与新古典增长理论逻辑上进行衔接的基础上充分理解进而解释清楚人口红利，这种理论范式便失去对前者进行颠覆性修正或革命性发展的良好机会，使人口红利理论在增长理论中始终处于相对边缘的地位。

其次，传统人口红利研究范式仅仅关注人口因素影响经济增长的供给侧效应，而尚未进入研究需求侧效应的层面。诚然，在很长的时期里人们观察的经济发展事实，大多是一些国家和地区通过兑现人口红利，从供给侧因素中获得额外的增长源泉，实现超常规的高速增长。因此，这个领域的理论假设和经验研究主要是论证和检验人口红利提高潜在增长能力，以及揭示人口红利消失后潜在增长率将会降低的事实，因而提出预警式的政策建议。事实上，中国经济学家在这些方面的确做出了有益的理论和经验探讨，也产生了应有的政策建议效果（蔡昉，2010a）。

然而，随着全球范围人口日趋老龄化，一些发达经济体也先后进入人口负增长时代，人口因素带来的全新冲击更多表现在需求侧。无论是如日本这样人口转变的先行国家，还是中国作为未富先老的赶超者，均已经呈现出种种经验和趋势，表明在人口转变的两个重要转折点中，第一个转折点即劳动年龄人口峰值，主要从供给方面造成对经济增长的冲击，而第二个转折点即总人口峰值，对经济增长的需求侧冲击效应则更为突出（Cai, 2021）。如果能够把需求侧的因素统一到人口红利理论的逻辑中，该理论对现实的针对性和解释力可以得到显著的增强。

再次，传统人口红利研究范式具有把人口红利永恒化的倾向。早期研究以抚养比作为人口红利的定量性指标，按照人口转变的逻辑和进程，这个因素终究会逆转到不利于经济增长的方向。于是，这个领域的代表性作者便提出第二次人口红利的概念，相应地脱离了以往的逻辑轨道。他们主要从保持储蓄水平的角度探讨第二次人口红利，认为由更多的大龄劳动者和老年人口组成的社会，将会产生强大的储蓄动机，因而保持高储蓄率从而保持经济增长源泉。在他们看来，随着第一次人口红利的作用发挥殆尽，第二次人口红利随即出现并将永远地存在下去（Lee and Mason, 2006）。

这种所谓第二次人口红利理论，分别在方法论上和现实针对性上存在着缺陷。一方面，他们认为的第二次人口红利源泉，并不来自有利的人口因素，这种泛人口红利论实际上会削弱人口红利理论本身。另一方面，从已有的事实观察，老龄化带来的重大挑战并不是储蓄不足，而是作为长期停滞主要特征之一的过度储蓄（Summers, 2018），因而这种以稳定储蓄率为中心的第二次人口红利，其实并不会产生什么所要收获的"红利"。

最后，传统人口红利研究范式没有在如何推动生育率向更替水平回升这个课题上做出必要的努力。鉴于这个理论框架本身就是以生育率单向变化为基础的，希冀其在生育率回升问题的研究上取得突破或许并不现实。但是，生育率确实构成一个重要的课题。生育率因经济社会发展而降低，但是在其降低到一定程度后，反过来会阻碍经济社会发展，这似乎形成一个悖论。迄今为止，人们对于生育率回升的理解远不如对于生育率下降的认识深刻，反映了在特定阶段上研究界的一种认识状态，或者说提出一个未解的命题，理应得到包括人口红利理论在内的相关研究范式的更多关注。

参考文献

蔡昉，2010a，《人口转变、人口红利与刘易斯转折点》，《经济研究》第 4 期。

蔡昉，2010b，《新古典经济学思维与中国现实的差距——兼论中国特色经济学的创建》，《经济学动态》第 2 期。

蔡昉，2017，《中国经济改革效应分析——劳动力重新配置的视角》，《经济研究》第 7 期。

蔡昉，2021，《生产率、新动能与制造业——中国经济如何提高资源重新配置效率?》，《中国工业经济》第 5 期。

郭志刚等，2014，《中国的低生育率与人口可持续发展》，中国社会科学出版社。

马尔萨斯，2012，《人口原理》，陈小白译，华夏出版社。

马寅初，1998，《新人口论》，广东经济出版社。

邬沧萍、何玲、孙慧峰，2007，《"未富先老"命题提出的理论价值和现实意义》，《人口研究》第 4 期。

谢伏瞻主编，蔡昉、李雪松副主编，2020，《迈上新征程的中国经济社会发展》第五章"中长期经济社会发展目标及指标研究"，中国社会科学出版社。

Bai, Chong-En, Chang-Tai Hsieh, and Yingyi Qian, 2006, "The Return to Capital in China", *NBER Working Paper*, No. 12755.

Bass, Hans H., 2009, "Ragnar Nurkse's Development Theory: Influences and Perceptions", in Rainer Kattel, Jan A. Kregel and Erik S. Reinert (eds.), *Ragnar Nurkse (1907–2007): Classical Development Economics and Its Relevance for*

Today, Anthem Press, pp. 183-202.

Bloom, David and Jeffrey Williamson, 1997, "Demographic Transitions and Economic Miracles in Emerging Asia", *NBER Working Paper Series*, No. 6268.

Bloom, David E., David Canning, and Jaypee Sevilla, 2002, *The Demographic Dividend: A New Perspective on the Economic Consequences of Population Change*, RAND: https://www.rand.org/pubs/monograph_reports/MR1274.html.

Cai, Fang and Dewen Wang, 2005, "China's Demographic Transition: Implications for Growth", in Garnaut, Ross and Ligang Song (eds.), *The China Boom and Its Discontents*, Asia Pacific Press.

Cai, Fang and Yang Lu, 2013, "The End of China's Demographic Dividend: The Perspective of Potential GDP Growth", in Garnaut, Ross, Fang Cai and Ligang Song (eds.), *China: A New Model for Growth and Development,* ANU Press, pp. 55-74.

Cai, Fang, 2021, A Tale of Two Sides: How Population Ageing Hinders Economic Growth in China, *An International Journal*, Vol. 19, No. 3, pp. 79-90.

Cai, Fang, and Wen Zhao, 2012, "When Demographic Dividend Disappears: Growth Sustainability of China", in Aoki, Masahiko and Jinglian Wu (eds.), *The Chinese Economy: A New Transition*, Palgrave Macmillan.

Caldwell, John C., 1976, "Toward a Restatement of Demographic Transition Theory", *Population and Development Review*, 2, pp. 321-366.

Krugman, Paul, 1994, "The Myth of Asia's Miracle", *Foreign Affairs*, November/ December.

Lee, Ronald and Andrew Mason, 2006, "What Is the Demographic Dividend?", *Finance and Development*, Vol. 43, No. 3, September.

Marois, Guillaume, Stuart Gietel-Basten, and Wolfgang Lutz, 2021, "China's Low Fertility Mau Not Hinder Future Prosperity", *PNAS*, Vol. 118, No. 40.

Simon, Julian L., 1997, *The Economics of Population: Key Modern Writings (Volume I)*, Edward Elgar.

Summers, Lawrence H., 2018, "Secular Stagnation and Macroeconomic Policy", *IMF Economic Review*, No. 66, pp. 226-250.

Wang, Feng and Andrew Mason, 2008, "The Demographic Factor in China's Transition", in Brandt, Loren and Thomas G. Rawski (eds.), *China's Great Economic Transformation*, Cambridge University Press.

Whalley, John and Xiliang Zhao, 2010, "The Contribution of Human Capital to China's Economic Growth", *NBER Working Paper*, No.16592.

Williamson, Jeffrey, 1997, "Growth, Distribution and Demography: Some Lessons from History", *NBER Working Paper Series*, No. 6244.

World Bank, 1998, *China 2020: Development Challenges in the New Century*, Oxford University Press.

Young, Alwyn, 1992, "A Tale of Two Cities: Factor Accumulation and Technical Change in Hong Kong and Singapore", in Olivier Blanchard and Stanley Fischer (eds.), *NBER Macroeconomics Annual*, MIT Press.

刘易斯转折点：中国经济发展阶段的标识性变化

本章从讨论发展经济学与中国经济发展实践的关系出发，简述这一学术和政策讨论的过程，以及具有代表性的观点及其论证，也阐释作者本人的观点偏向，提供一些重要的理论和实践证据，并揭示相关讨论的理论意义和实践价值。这样，既便于我们更好理解刘易斯转折点概念和判断，也有助于我们认识中国发展经验对发展经济学的贡献。最后，在做出一般结语的同时，本章尝试提出一些有待在实践基础上需要进一步研究的问题。

一 界定发展阶段的标识性概念

阿瑟·刘易斯（Lewis, 1954）把发展中国家的经济区分为两个部门，即传统农业为主的"维持生计的部门"和现代工业为主的"资本主义部门"，在传统经济部门中，相对于资本和自然资源来说，人口众多从而劳动力供给是无限的。或者说，在这个部门中，劳动的边际生产力十分低下。由于这个部门的存在，现代经济部门在增长和扩大的过程中，可以用不变的工资水平不受限制地获得所需要的劳动力供给。直到现代经济部门的发展把传统经济部门的剩余劳动力吸收殆尽，二元经济增长才逐步变为同质的现代经济增长。因此，剩余劳动力被吸收完的这个时点，成为一个二元经济发展过程中的重要转折点，即刘易斯转折点。

二元经济发展有三个阶段和两个转折点。第一个是劳动力无限供给的典型二元经济发展阶段。由于在农业中有大量剩余劳动力，劳动的边际生产力极低，现代部门的工资基本不增长。到第二个阶段，劳动力需求增长速度超过劳动力供给增长速度，现代部门工人的工资开始提高，但是农业劳动力报酬尚未由劳动的边际生产力决定，农业与现代部门的劳动边际生产力仍然存在差异。在第三个阶段上，农业部门和现代经济部门的报酬都已经由劳动的边际生产力决定，而且两个部门劳动的边际生产力达到相等。这个阶段的到来意味着二元经济特征的消失，国民经济成为一个均质的整体。通常，从第一个阶段到第二个阶段转变的时点，被称为第一个刘易斯转折点，从第二个阶段到第三个阶段的转变被称为第二个刘易斯转折点。

改革开放以来的中国经济增长，在相当长的时间里都要面对农业剩余劳动力转移这样一个具有挑战性的课题。农村改革在创造了激励机制的同时，也赋予农民自主配置生产要素特别是劳动力的权利，随着各种体制障碍得到拆除，农业剩余劳动力开始大规模转移，完成了一个经济史上罕见的资源重新配置过程，也成为这一时期经济增长的有利条件和生产率提高的重要源泉。从农业中剩余劳动力的大量累积和持续存在，到剩余劳动力向非农产业和城镇转移，以及很长时间内非农产业以相对低廉的工资成本吸纳农业转移劳动力等发展事实及其特征，显示出中国这一时期的经济发展，与阿瑟·刘易斯的二元经济理论模型所描述的劳动力无限供给条件下经济发展的相似性，因此，可以说中国经历了一个特征鲜明的二元经济发展过程（Cai, 2016, Chapter 2）。

20 世纪 90 年代中期以后，随着开放条件下高速工业化对转移劳动力的大规模吸纳，农业剩余劳动力趋于不断减少；与此同时，快速的人口转变也使得劳动年龄人口的增长接近尾声，劳动力供给能力渐趋羸弱。作为对劳动力供求新情况的反应，从 2004 年开始，沿海地区出现"民工荒"现象，随后更在全国范围内蔓延开来，演变为普遍性的劳动力短缺。按照二元经济发展理论，当劳动力转移到达这样的阶段，虽然劳动力并没有出现绝对的不足，但是，雇主开始通过提高工资水平来吸引工人，因而引起普通劳动者工资的普遍和持续上涨，这就是刘易斯转折点到来的典型表现（Lewis, 1972）。

围绕中国刘易斯转折点的判断，在研究者中形成了广泛的讨论，在相关研究领域乃至更广泛的范围内，一时成为十分热门的话题。这一讨论的意义有以下几个方面。首先，用经济学范式和概念对中国经济所处的发展阶段特征做出阐述，比平淡的叙事更有助于做出准确的判断，揭示出诸多与发展阶段变化相关的内涵和内容，并且为研究者进行定量验证提供了基准框架。其次，鉴于经济发展转折点是二元经济理论乃至发展经济学的一个重要关注点，基于中国实际的相关讨论，一方面关乎刘易斯理论在中国的适用性，甚至关乎发展经济学的生命力，另一方面有助于用学术语言阐释中国实践和中国智慧对发展经济学的贡献。最后，从理论上准确界定一种经济现象或事实，可以提供一个更为清晰的分析框架，得出具有针对性的政策结论，为政策选择和实施方向、时效、力度提供较好的依据。

二　发展经济学与中国实践

第二次世界大战之后十分活跃并流行于学术界的发展经济学，于20世纪70年代开始式微，80年代以后在经济学圈子中便近乎销声匿迹。发展经济学命运的这个大反转，并非由于这个群体的研究成果花拳绣腿、无所建树，也不是因为发展中国家摆脱贫困的问题已经得到解决，使得这门学问"飞鸟尽良弓藏"，而是来自主流经济学的两大弊端，即狭隘和自负（narrowness and complacence）。本文使用这样两个贬义词并非情绪化的表达，而是反映其实际和具体的含义。

主流经济学的狭隘，表现在排斥一切不能建立整齐划一模型的研究范式。保罗·克鲁格曼（Paul Krugman）在回顾这段发展经济学兴衰史时指出，经济学当时的方法论演变方向，是要求发展经济学家以牺牲真实世界的丰富性和复杂性为代价，构造可以阐释关键概念的可控而愚蠢的模型（Krugman, 1994）。特别是，以阿尔伯特·赫希曼（Albert Hirschman）、罗森斯坦·罗丹（Rosenstein Rodan）和罗格纳·纳克斯（Ragnar Nurkse）等人为代表的发展经济学说大多建立在"报酬递增"假设基础上，而在当时的经济学理论发展条件下，依据这个假设是无法建立起所要求的那种简而又简的模型的（Krugman，1994）。于是，无论是决断地选择与主流经济学分道扬镳（如阿尔伯特·赫希曼），还是试图追随主流经济学的脚步，努力建立这样的模型（如罗森斯坦·罗丹），皆无一例外地被主流经济学边缘化了。

主流经济学的傲慢，则表现在否认经济发展路径的多样性和特殊性。在主流经济学家看来，在西方发展经验基础上形成的新古典增长理论，既可以理解贫穷国家的问题，也足以给这些国家提出政策建议。例如，拉尔（Deepak Lal，1992）也把阿尔伯特·赫希曼作为批评对象，反对其结构主义方法及结论，拉尔自己则倡导亲近市场机制的新古典主义发展经济学。也正是在这一时期，即1985年，时任美国财政部长詹姆斯·贝克（James Baker）针对一些发展中国家的债务问题，提出了"持续增长"的一揽子政策建议（Chari et al., 2020），随后又有一批坐而论道的学者将其归纳为"华盛顿共识"（Williamson，2004）。

可以说，阿瑟·刘易斯没有成为主流经济学的"狭隘"所攻击的主要目标，因为按照克鲁格曼的观点，刘易斯的二元经济理论并不依赖报酬递增的假设。然而，他却没有躲过主流经济学的"自负"的对待，因而同样被束之高阁（Ranis，2004）。包括克鲁格曼在内的新古典经济学以"宁信度无自信"的态度，不承认任何剩余劳动力的存在，以致否认发展中国家有一个所谓的"二元经济发展阶段"。由此出发，这些主流经济学家在每个发展阶段上都会站出来，对"东亚奇迹"和中国经济发展百般批评，形成了"克鲁格曼－扬诅咒"（Young，2003; Krugman，2013; 蔡昉，2021，第五章）。

　　然而，中国在改革开放背景下的经济发展，取得了毋庸置疑的成功，1978~2020 年实现年平均 9.4% 的 GDP 增长，其中在劳动年龄人口迅速增长的 1980~2010 年，年均增长速度更高达 10.1%。在这个高速增长中，农业劳动力转移做出了重要的贡献。根据计量研究结果，除了劳动力转移通过劳动力数量充分供给、劳动力年龄结构改善、资本回报率提高之外，劳动力从农业转向非农产业创造的资源重新配置效率，也成为整体生产率提高的重要贡献因素（蔡昉、王德文，1999；蔡昉，2017）。

三　刘易斯转折点：提出、判断和争论

　　及时识别现实中出现的问题及其重要性，做出分析性的反应，解释原因并揭示政策含义以及展望发展方向，是经济研究的价值所在和经济学家的责任所在。针对中国现实中出现前所未有的劳动力短缺现象，早在 2004 年研究者就开始讨论这些现象的原因和经济学含义，在一些研讨会上和媒体报道上已经提出刘易斯转折点到来的说法。随后，出现了一些比较系统论述的学术文章，主要围绕以下问题展开讨论：（1）刘易斯二元经济理论在中国的适用性，以及相应的，刘易斯转折点的判断是否有意义；（2）应该如何定义从而判断刘易斯转折点，以及相应的经验检验；（3）刘易斯转折点到来的现实含义，特别是相关判断能够得出什么政策建议。

　　做出中国已经迎来刘易斯转折点判断的研究者，无疑是以认同二元经济理论在中国的适用性为前提的。而对此持异议的学者，大体是

从两个方面进行争辩，分别是质疑刘易斯理论及其对中国的适用性，以及对中国的劳动力供求关系具有不同的判断。在简述这一争论之前，有必要对相关讨论的特点和主要文献做一些说明。首先，关于中国经济发展是否到达刘易斯转折点，最为常见的争论发生在非专业媒体上，在很多情况下仅仅就某位作者的个别判断句进行辩论，常常无法进行有针对性的讨论和评估。其次，按照学术规范进行的早期研究成果，比较集中地发表在专业期刊的专刊和论文集中，其中也反映了正反方作者的观点[1]。最后，正如一位作者引用安格斯·迪顿（Angus Stewart Deaton）的一句话——任何事实，一旦与某一理论相符，也便会与无数其他理论相符（Fleisher et al., 2011），实际上那些不认同刘易斯理论适用性的研究，最终也走到对中国劳动力是否短缺做经验判断这条道路上。可见，关于刘易斯转折点的不同观点，归根结底是个经验实证以及相关的定义问题。

关于二元经济理论在中国的适用性讨论，其核心在于中国农业中是否存在根据某种规范定义的剩余劳动力。很早以来，就有研究者依据新古典理论教条，通过经验研究否定剩余劳动力的存在。例如，有研究估算出在农村改革前后，农业劳动的边际生产力是正值，而农民所得与此也是相对应的（Fleisher et al., 2011）。追寻这个逻辑，葛苏勤和杨涛利用新的研究否认刘易斯转折点的适用性（Fleisher et al.,

---

[1]　例如，两份英文杂志（*China Economic Journal* 和 *China Economic Review*）专门就刘易斯转折点进行了讨论，其中一些文章也收入一本中文论文集（蔡昉等，2012）。我们将在适当之处引用相关文献。为简明起见，下文中对一些研究结果，我们在正文中指出作者的同时，注释出处均为 Fleisher et al.（2011），因为该文是专刊的"引论"，既综述了相关研究，也指明同一期文章的出处。

2011）。然而，这些研究结论与中国实践中的真实情况相去甚远。

在改革开放的早期，家庭联产承包制赋予农民生产经营自主权，在促进产出大幅度增长的同时，农业生产中劳动力剩余现象也开始显露。研究估算，20 世纪 80 年代中期，农村有 30%~40% 的劳动力是剩余的，绝对数为 1 亿 ~1.5 亿人（Taylor, 1993）。随后的研究也显示，劳动力剩余现象是普遍的。随着沿海地区外向型经济的快速发展，新成长企业以相对低廉的工资逐步吸纳了这些转移劳动力。这个过程既符合刘易斯关于农业中存在大量边际生产力极低的剩余劳动力的假设，也符合工业部门可以在工资不变条件下获得源源不断的劳动力供给的预期，以及农业不会因劳动力转移而衰落的推论。例如，1978~2020 年，农业劳动力比重从 70.5% 下降到 23.6%，农业增加值比重从 27.7% 下降到 7.7%，与此同时，粮食总产量增长了 1 倍多，肉类产量增长了 6 倍多，园林水果产量到 2019 年就增长了 28 倍。因此，多数研究者认为，刘易斯二元经济理论可以适用于分析中国这个时期的经济发展。既然如此，一旦出现劳动力供给不能满足需求，出现持续性劳动力短缺和工资上涨现象，则意味着刘易斯转折点的到来。

在遵循刘易斯转折点这个范畴进行的研究中，包括张晓波、蔡昉、都阳等一些文章从劳动力从过剩到短缺、工资从停滞到上涨，以及劳动力市场其他方面的变化，论证刘易斯转折点的到来（Belton et al., 2011）。而包括孟欣、南亮进和马欣欣等学者的研究，则固守过于严格的剩余劳动力定义，也未能充分理解中国劳动力数据的特点。既然认为数据并未显示农业与工业的边际劳动生产力达到相等，因此他们便主张刘易斯转折点尚未到来（Belton et al., 2011；Meng, 2014；

Minami and Ma, 2009）。

实际上，刘易斯本人也认同在二元经济发展结束之前，有两个转折点（Lewis, 1972）。其中第一个转折点只需以劳动力出现短缺，从而产生对工资上涨的推动力为条件。而在学术界的讨论中，每当说到刘易斯转折点时，常常是指称这个转折点；第二个转折点则需要以农业与非农产业的边际劳动生产力达到相等为条件，一般被称为商业化点。由于劳动力数据以及边际劳动生产力从而剩余劳动力定义的复杂性，第二个转折点通常是很难界定的，而对于经济发展最具有意义的，则是第一个转折点。事实上，虽然研究者对刘易斯转折点的判断众说纷纭、莫衷一是，对劳动力市场上发生的一些变化却有诸多共识，如人们普遍注意到劳动力供求关系从而工资水平的变化。虽然对这些变化产生的原因认识不尽一致，但往往也得出诸多类似的政策含义。特别是，随着时间的推移，劳动力短缺、工资上涨等越来越成为不容忽视的现象，直接针对刘易斯转折点是否到来的争论也就偃旗息鼓了。

四 转折点判断的重要性：理论与实践

虽然以发展经济学家刘易斯命名，但是，刘易斯转折点作为一个中国语境下的经济发展现象概括，完全可以被认为是中国独创的经济学概念。刘易斯设想了二元经济发展转折点的情形，也做了一些理论的描述。但是，刘易斯本人并没有直接观察过任何一个国家经历典型的转折点，其他作者与此相关的文献也并不多见。具有典型的二元经济发展特征的东亚经济体，在出现劳动力短缺和工资上涨现象之际，一些研究者尝试做出刘易斯转折点的判断。例如，南亮进（Minami，1968）论证，日本在大约 1960 年到达刘易斯转折点。但是，总体来说，由于当时及以后，主流经济学家已经不再采用二元经济理论解释经济发展现象，因此，类似的讨论并没有成为研究的主流话题。

与之形成鲜明对照的是，在中国的公共舆论界进行的经济发展问题讨论中，刘易斯转折点或刘易斯拐点这个概念已经成为一个流行词，围绕其进行的争论仍然时有发生。涉及与此相关的理论和现实问题，在中国经济学界产生的文献也可谓汗牛充栋。一方面，这种讨论在特定的语境下重新激活了二元经济理论；另一方面，借助这个理论框架也的确有助于中国经济学家更好认识特定时期的经济发展特点。下面，我们可以从三个方面认识刘易斯转折点讨论的中国独创性。

首先，在中国的讨论中，刘易斯转折点与人口转变阶段被结合在一起，而这在刘易斯本人的著述以及其他相关研究中，均未作为一个突出特点显示出来。在刘易斯生活的时代，人口转变理论已经出现，他本人也有意无意地把人口转变处在"高出生、低死亡、高增长"阶段，作为发展中国家存在一个二元经济的隐含前提。由此出发，对于刘易斯来说，剩下的就只是现代部门的扩大及其对剩余劳动力的吸收，而无须考虑人口转变的下一个阶段。在关于刘易斯转折点的讨论中，中国学者把经济增长吸纳剩余劳动力和人口转变减少劳动力供给两个因素结合起来考虑，揭示出正是中国在经济增长和人口转变两个方面的超常表现，导致刘易斯转折点的快速到来，使得这个结论与理论逻辑和实际情况更加吻合。把人口转变纳入刘易斯理论框架之中，构建一个扩展的二元经济理论模型，在经验上则是把在中国经济增长过程中获得人口红利，与农业劳动力的转移过程结合起来进行考察，成为中国经济学家运用发展经济学理论进行研究的特色（Fleisher et al., 2011）。

根据中国现实的发展以及具有针对性的研究，可以发现，无论是出现普遍性的劳动力短缺，还是普通劳动者工资的持续上涨，都是以2004年为起点的，因此这一年份应该作为刘易斯转折点的标志性时点（Cai, 2016, Chapters 3 and 4）。并且，在刘易斯转折点这个理论概念揭示的基本特征之外，2004年还标志着一些与经济发展阶段变化相关的其他转折。例如，由于普通劳动者工资上涨和低收入家庭收入增长加速，可以在初次分配领域观察到收入分配得到改善的效果；农村劳动力短缺推动农业技术进步出现劳动节约型的趋势；劳动力市场制度发挥更大的作用，以及其他一系列有利于劳动者和民生的政策转变（蔡昉，2010）。此外，如果按照某些学者的建议，即用"刘易斯转折区间"的概念代替刘易斯转折点（Garnaut, 2014），则我们可以看到从劳动力短缺现象显现的2004年，到劳动年龄人口到达峰值从而劳动力不再无限供给的2010年，应该符合这样一个转折区间的特征（蔡昉，2018，第五章）。

其次，中国特色的体制特征丰富和完善了刘易斯理论，特别是在解释为什么农业或农村的剩余劳动力不能被市场出清这一难题方面。对于新古典经济学来说，长期存在剩余劳动力，而不能被劳动力供求关系决定的工资水平变化而予以结清，是难以理解的现象。对于这个质疑，刘易斯曾经含糊地认为是诸如工会等制度因素，阻碍了市场出清机制的作用。对于中国来说，在计划经济时期形成的一系列制度安排，特别是人民公社、统购统销和户籍制度共同形成的制度"三套车"，既足以在现实中阻碍劳动力流动从而剩余劳动力的出清，也能够提供为什么剩余劳动力持续存在，或者经济发展如何能够具有劳动力无限供给特征的理论解释。

最后，也是最重要的一点是，结合中国经济特点和所面临的问题，围绕刘易斯转折点所进行的讨论，实际上已经超越了判断经济发展转折点这个单纯目的，从对转折点的论证和判断出发，学者和政策研究者在远为广泛的领域，拓展了研究的内涵和问题，得出了一系列有益的政策结论，并且反映在实际政策的演变过程中。可以说，关于刘易斯转折点讨论得出的诸多研究结论，顺应了中国经济发展的阶段性变化，在诸如对就业矛盾从总量到结构性转变的判断、对经济增长速度进入换挡期的判断、对供给侧结构性改革的部署，以及一系列其他重大政策决策，都具有直接或间接的影响。

五　结语以及待研究的问题

刘易斯转折点是一个经济学概念。概念作为思维体系中一个最基本的构筑单位，是理论家把所观察到的事物进行概括，以便最终抽象为理论的一个工具。因此，特定概念的形成也是进行研究的一个必不可少的中间过程。经济学家在形成相对成熟或成体系的理论之前，常常把现实中的观察结果提炼为一些特征化事实（stylized facts），依据的就是这个道理。中国经济学家围绕刘易斯转折点进行的研究和讨论，也形成了一些基于中国现实的重要观察，同时尝试得出一些概括性的结论。首先，二元经济理论预期的现实表现，可以广泛地在中国经济发展过程中观察到，因而该理论至少在中国经济发展的一定阶段上具有适用性。其次，二元经济理论的一般结论与国家的经济发展特征结合起来，可以提高理论的解释力。再次，二元经济发展过程以及刘易斯转折点，与人口转变的特定阶段密切相关。最后，刘易斯转折点不仅表现为劳动力短缺和工资上涨，同时还引起一系列与发展阶段相伴的经济社会变化，因而具有显著的政策含义。

经济发展在时间上是连续的，并不会由于一个人为定义的转折点而中断。相应地，经济学说史也是前后贯通的，因此，关于刘易斯转折点的研究和讨论并未时过境迁。如何使刘易斯转折点成为一个具有中国特色的标识性概念，仍然有待于进一步深入刻画刘易斯转折点的中国表现，同时揭示中国特色与一般规律之间的关系。特别是，中国经济学家有责任揭示出，究竟哪些独特的体制背景、宏观经济表现、独特的人口转变及其转折点、经济主体特征等，会影响刘易斯转折点的到来时间以及特殊表现。

例如，进一步的研究有待回答以下几个方面的问题。第一，户籍制度是怎样在不断的松动中释放出农业剩余劳动力，同时，在改革尚未完成的情况下，这一制度如何继续束缚劳动力流动，以及户籍制度迟迟不能根本改革的原因。第二，家庭联产承包制这一制度特点，如何使得中国农民工不同于一些发展中国家存在的城乡迁移者，失去农村的生计并陷入城市贫困，同时避免让农业陷入衰落，一致把刘易斯转折点演变为"粮食短缺点"。第三，中国快速的人口转变如何加速了经济增长，"未富先老"特征在何种程度上过早导致刘易斯转折点的到来和人口红利的消失，以及中国经济有哪些独特的增长潜力可以继续挖掘。

参考文献

蔡昉，2010，《刘易斯转折点与公共政策方向的转变——关于中国社会保护的若干特征性事实》，《中国社会科学》第 6 期。

蔡昉，2017，《中国经济改革效应分析——劳动力重新配置的视角》，《经济研究》第 7 期。

蔡昉，2018，《四十不惑：中国改革开放发展经验分享》，中国社会科学出版社。

蔡昉，2021，《成长的烦恼——中国迈向现代化中的挑战及应对》，中国社会科学出版社。

蔡昉、王德文，1999，《中国经济增长可持续性与劳动贡献》，《经济研究》第 10 期。

蔡昉、杨涛、黄益平主编，2012，《中国是否跨越了刘易斯转折点》，社会科学文献出版社。

迪帕克·拉尔，1992，《"发展经济学"的贫困》，葛卫明、朱菁、徐海、陈郁译，云南人民出版社。

Cai, Fang, 2013, "The Hukou Reform and Unification of Rural-Urban Social Welfare", in Kennedy, David and Joseph E. Stiglitz (eds.), *Law and Economics with Chinese Characteristics: Institutions for Promoting Development in the Twenty-First Century*, Oxford University Press, pp. 441-454.

Cai, Fang, 2016, *China's Economic Growth Prospects: From Demographic Dividend To Reform Dividend*, Edward Elgar.

Chari, Anusha, Peter Blair Henry, Hector Reyes,2020, "The Baker Hypothesis", *NBER Working Paper*, No. 27708.

Fleisher, Belton, Robert Fearn, and Zhen Ye ,2011, "The Lewis Model Applied to China: Editorial Introduction to the Symposium", *China Economic Review*, 22, pp. 535-541.

Garnaut, Ross, 2014, "Macro-economic Implications of the Turning Point", in Huang, Yiping and Cai Fang (eds.), *Debating the Lewis Turning Point in China*, Routledge, pp. 88-97.

Krugman, Paul, 1994, The Fall and Rise of Development Economics, http://web.mit. edu/krugman/www/dishpan.html, 2020 年 12 月 12 日下载。

Krugman, Paul,2013, "Hitting China's Wall", *New York Times,* July 18.

Lewis, Arthur,1954, "Economic Development with Unlimited Supplies of Labor", *The Manchester School*, Vol. 22, No. 2, pp.139-191.

Lewis, Arthur,1972, "Reflections on Unlimited Labour", in Luis Eugenio Di Marco (ed.), *International Economics and Development*, New York: Academic Press, pp.75-96.

Meng, X.,2014, "China's Labour Market Tensions and Future Urbanisation Challenges", in Song, L., Garnaut, R., and Cai, F. (eds.), *Deepening Reform for China's Long-Term Growth and Development*, Australian National University Press, Canberra, pp. 379-405.

Minami, R. and Ma, X.,2009, "The Turning Point of Chinese Economy: Compared with Japanese Experience", *Asian Economics*, Vol. 50, No. 12, pp.2-20.

Minami, Ryoshin, 1968, "The Turning Point in the Japanese Economy", *Quarterly Journal of Economics*, 82 (3), pp. 380-402.

Ranis, Gustav, 2004, "Arthur Lewis' Contribution to Development Thinking and Policy", *Yale University Economic Growth Center Discussion Paper,* No. 891.

Taylor, J. R.,1993, "Rural Employment Trends and the Legacy of Surplus Labor, 1978-1989", in Kueh, Y. Y. and R. F. Ash (eds.), *Economic Trends in Chinese Agriculture: The Impact of Post-Mao Reforms*, New York: Oxford University Press.

Williamson, John ,2004, "A Short History of the Washington Consensus", Paper Commissioned by Fundación CIDOB for the Conference "From the Washington Consensus towards a New Global Governance", Barcelona, September 24-25, http://www.petersoninstitute.org/publications/papers/williamson0904-2.pdf.

Young, Alwyn, 2003, "Gold into the Base Metals: Productivity Growth in the People's Republic of China during the Reform Period", *Journal of Political Economy*, Vol. 111, No. 6, pp. 1220-1261.

中篇 | **分享不断提高的生产率**

第四章

解读"凯恩斯悖论"：关于生产率分享的思考

　　凯恩斯在 1928 年的著名演讲距今已近 100 年的时间，其间科学技术进步和经济增长的速度，近乎完美地证实了凯恩斯的预言。虽然在本章内容发表之前，尚未有人使用"悖论"来概括凯恩斯的这一关切，甚至凯恩斯本人也未必清晰地认识到，自己提出的命题归根结底是一个关于生产率分享的问题。然而，无论是从经济学理论还是从经济社会生活实践，人们从未止步于凯恩斯悖论的破解之途。此外，与该悖论或命题相关的成长中的烦恼和调整中的痛楚反复出现，以与日俱增的难度挑战经济学家和政策制定者。本章着眼于世界各国面临问题的相关性，尝试把提高生产率的索洛悖论与分享生产率的凯恩斯悖论结合起来，在做出新的解析的同时，着眼于得出生产率分享的结论，进而阐释其政策含义。

一　一个关于子孙后代经济可能性的预言

劳动生产率是经济增长的终极引擎。因此，提高生产率是经济学永恒的话题。与此同时，经济史中充满了生产率提高、降低或者停滞的现象，留下诸多未解的谜题。近年来，一个被经济学家不断引述并且尝试予以解释的此类谜题，就是关于生产率的"索洛悖论"。有意思的是，这个激励经济学家孜孜以求的重大命题的原始出处并不起眼，来自罗伯特·索洛（Robert M. Solow，1987）撰写的一篇书评中的一句话：人们随处可见计算机时代的来临，唯独在生产率的统计中看不出来。无论是由于诺贝尔经济学奖获得者的声誉效应，还是这句话确实揭示了人们苦思不得其解的现实问题，经济学家将这个矛盾现象称为索洛生产率悖论。

无论从学理意义上的逻辑，还是仅仅从常识意义上的直觉，悖论都是对某种矛盾现象的表达。这也具有启示意义，"以子之矛攻子之盾"可以作为一种另辟蹊径的选择，帮助我们形成破解生产率悖论的思路。这个可以用来破解索洛悖论的"矛"或者"盾"，便是凯恩斯近一个世纪之前提出的著名命题，我将其称为"凯恩斯（生产率）悖论"。如果说索洛悖论是一个关于如何提高生产率的命题，凯恩斯悖论更主要是一个关于如何分享生产率的命题。对两个命题并列进行探讨，或者说把生产率的提高与分享作为一个统一的命题相提并论，可以预期取得一箭双雕的研究效果，得出更符合发展规律的结论。

1928 年，约翰·梅纳德·凯恩斯（John Maynard Keynes）受邀在几个不那么出名的学术团体演讲，随后他把演讲的内容整理为比较完整的版本，于 1930 年以"我们孙辈的经济可能性"为题公开发表（Keynes, 2010）。文章的论调与当时西方世界正处于严重经济衰退的背景并不协调。在这篇具有散文色彩的短论中，凯恩斯力图摆脱短视的羁绊，对未来做了一个天马行空的展望。他对经济史的描述和阐释方式，与当今学者并无二致。他认为工业革命之前的英国经济史是一个马尔萨斯式的漫漫长夜，只是到了 16 世纪，资本积累的开端唤醒了复利的力量，激发了滥觞于 18 世纪的科技革命，使生产率和生活水平以前所未有的幅度增长。基于这种世纪转换的理念，他对未来的经济增长充满信心，而这个"未来"既可以延展到其文章标题所示（"我们孙辈的经济可能性"）的遥远未来，也可以更乐观地包括"在我们有生之年"的近期未来。

对于听众和读者面对经济衰退时的绝望心态和悲观预期，凯恩斯也没有装作看不到或者王顾左右而言他，他承认正在发生的全球性衰退、居高不下的失业率和决策错误造成的灾难性结果。同时，他也指出正在忍受的只是成长中的烦恼和调整中的痛楚，都是变化过快和发展阶段转换过程中难以避免的。他在文中预言，这种变化及其节奏仍将继续，具体表现为生产率和生活水平将在一个世纪的时间里提高 4~8 倍。这个预言中包含的生产率提高速度和幅度这两个因素，是产生凯恩斯生产率悖论的关键点，相应带来各种各样有待解决的问题。

关于成长中的烦恼和调整中的痛楚，凯恩斯并没有事无巨细地逐一列举，而是提出"技术性失业"现象，并且将其根源提炼到更高的抽象程度，即生产率提高速度之快，远超经济本身能够为劳动力开辟新用途的速度。立足于此，他高屋建瓴地把问题升华为人类面临的大命题。当时，让凯恩斯忧心忡忡的是，一旦人类的经济问题或基本生存问题在 100 年中得到解决，人们在数千年里形成的生存动机便不复存在，那么生活的目的和意义将何以寄托。在他看来，人类自诞生以来首次遇到的真正具有永恒性，同时又是悖论性的问题，将是如何用好科技进步和经济增长为自身带来的充分闲暇。或者说，人们孜孜以求的生产率提高到达丰裕社会的时候，学会如何享受或分享生产率提高的成果，反而越来越成为前所未有的挑战难题。

21 世纪伊始，罗伯特·威廉·福格尔（Robert W. Fogel）出版了一部重要著作，对于我们与时俱进地理解凯恩斯悖论大有助益。如果说凯恩斯乐观地预见了生产率极大提高的前景，福格尔则乐观地指出了生产率极大提高的事实。对于发达国家物质财富的分享现状，福格尔甚至还做出了过于乐观的判断。虽然并非以凯恩斯悖论作为自己的出发点，但是，他实际上采用了许多与之相似的表述，回答了与之相关的重要问题，在某种程度上也对这个命题做出了更清晰的定义。其一，他用与凯恩斯十分类似的方式，提出关于生产率分享的问题，也就表明这个命题至今仍然有效。其二，他正确地指出生产率分享不仅指物质层面，也越来越应该体现在精神层面和人类发展领域，其中特别强调了教育发展。其三，他详细探讨了促进精神层面平等的社会改革，特别是社会福利体系等制度安排问题（罗伯特·威廉·福格尔，2003）。

二　回到未来：凯恩斯说对了什么？

凯恩斯悖论包含两个经验上的自我支撑点。第一，生产率显著提高和生活水平大幅度改善，将使人类摆脱长期困扰于生存性挣扎的境地。显而易见，凯恩斯主要针对的是英国和欧美工业化国家。就这一点来说，可以说他一如既往地证明了自己作为历史上最伟大经济学家的预测能力。第二，经济增长带来成长中的烦恼和调整中的痛楚。应该说，他这个预言的准确性丝毫不亚于前一个判断。虽然这种烦恼和痛楚的性质和程度也发生了巨大的变化，但是，这个悖论仍然是研究相关问题的有意义的起点。

凯恩斯设想的生活水平在 100 年中的改善，可以量化为人均国内生产总值（GDP）和劳动生产率均大体提高 4~8 倍。根据自凯恩斯文章发表后的世界经济增长表现，这个预言被证明并非异想天开。可以通过一个简单的统计描述检验这个"凯恩斯预言"。在图 1 中，我们使用奥地利、比利时、丹麦、芬兰、法国、德国、意大利、荷兰、挪威、瑞典、瑞士和英国 12 个国家的加权平均数字，展示早期工业化国家长期以来人均 GDP 和劳动生产率的增长表现。如图 1 所示，在 1930~2018 年长达 89 年的时间里，这 12 个国家的劳动生产率（每小时产出）和人均 GDP 分别提高了 5.4 倍和 5.3 倍。随着时间的变化，劳动时间减少和产业结构多元化是一般性趋势，甚至从统计数据的一致性方面产生低估生产率提高幅度的效果，因此，图 1 中显示的增长倍数可以说成色十足。

如果说生产率和生活水平的提高，几乎完全印证了凯恩斯的预言，由此产生的成长中的烦恼和调整中的痛楚，则远远超过了当时所能列举出的内容。凯恩斯对这些烦恼和痛楚的形象表述是：这些心理上的困惑导致人们"神经崩溃"（nervous breakdown）。我们也知道，

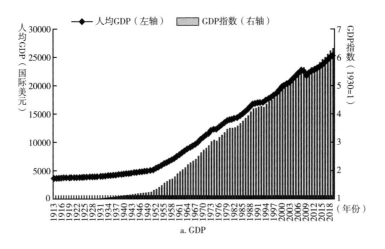

a. GDP

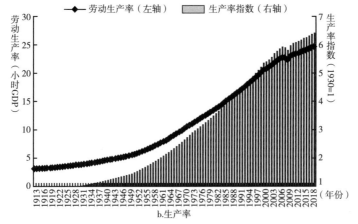

b.生产率

图 1 西欧 12 国生活水平和生产率提高（1913~2018）

注释:（1）关于人均 GDP 数据，在 1998 年及之前采用的是麦迪森估算的 1990 年国际美元口径，此后采用的是世界银行数据库的 2017 年国际美元口径（按照高收入国家组平均增长速度推算）；（2）关于劳动生产率数据，在 1998 年及之前采用的是麦迪森估算的每工作小时创造的 GDP，此后保持了相同的指标口径（实际数据系根据世界银行数据库中，高收入国家组平均每个就业人口创造 GDP 的增长速度估算）。

资料来源:安格斯·麦迪森（2003），世界银行数据库：https://data.worldbank.org/。

基于神经科学（neuroscience）的进步，在心理学和经济学融合的基础上蓬勃兴起的行为经济学，就是结合心理因素探讨人们如何对经济信号做出反应的学问。既然凯恩斯悖论中的心理因素植根于长期变化的经济史，无论个体还是整体的经济行为，也必然打上相应的历史烙印，在长期经济发展过程中既体现在经纬万端的现象层面，也展现出积重难返的稳定趋势。

下面，我们从凯恩斯做出这一著名预言以来，世界经济史中具有一般代表性的现象着眼，展示在经济增长和生产率提高的同时，始终存在着成长中的烦恼和调整中的痛楚，并尝试概括一些重要的表现，揭示各种表现之间的内在关联性以及演进逻辑。

当年凯恩斯在文章中仅做粗略分析的技术性失业，不仅作为一种旷日持久的现象继续存在，并且与之相关的技术性重新配置现象还诱发各种次生的难题，在一些国家甚至演变为危及社会安定乃至政治稳定的因素。一般来说，技术性失业属于一种自然失业现象，主要由于劳动者的技能无法适应技术进步和结构变化的需要所致。然而，在经济危机、金融风暴和经济衰退等宏观经济周期中，技术、产业和企业的新旧更替被迫加速，短期的周期性失业现象常常转化为长期的结构性失业。

这种技术性失业始终伴随着生产率提高的发展过程，因其引致的重新配置成为市场经济创造性破坏的基本路径和表现，作为重新配置对象的劳动者及其家庭的收入和生活也常态性地遭遇冲击。这种结果与资本收益增长始终快于工资增长的皮凯蒂不等式完全相符（皮凯蒂，2014），即生产率成果没有得到广泛和均等的分享。例如，即使在经济合作与发展组织（OECD）这些高收入国家，初次分配后的基尼系数也普遍在 0.4 以上，只是在经过税收和转移支付等再分配手段调整之后才降到合理的范围。[1] 又如，美国收入最低 20% 的居民获得的收入比重，从 1979 年的 6.5% 降到 1986 年的 5.6%，2018 年进一步下降到 5.2%，这个水平甚至低于很多发展中国家。[2]

以生产率得不到普遍分享的发展特征为背景，宏观经济中长期因素与短期因素彼此交织、互为因果，表现出多种扭曲的现象，使世界经济和各国经济陷入种种困境，相互之间既有相似性，又各有各的不幸。影响最为广泛的趋势性表现，是在经济发展阶段和人口转变阶段发生变化时，政策上的不恰当应对致使宏观经济愈趋不稳定，在 2008 年国际金融危机后，则表现为世界经济进入长期停滞的新常态。凯恩斯在撰写本文的时候，虽然指出了成长中的烦恼和调整中的痛楚，然而整个基调还是乐观的。不过，数年之后在其他文献中表达的一些重要思想或其中某些主要成分，特别是一些具有醒世性质的判断，在此文中已经可见端倪。总体来说，从 20 世纪 30 年代开始，凯恩斯即把工作重心转换到创作《就业、利息与货币通论》（以下简称《通论》）上面，并且开始用《通论》的分析框架延伸自己对相关问题的解释（罗伯特·斯基德尔斯基，2006）。

1937 年即在《通论》出版的第二年，凯恩斯以"人口下降的一些后果"为题分别进行演讲和发表文章，指出人口停滞将会对总需求

---

[1] 参见 https://stats.oecd.org/index.aspx?r=556560，2021 年 11 月 12 日浏览。

[2] 参见 https://data.worldbank.org/indicator/SI.DST.FRST.20，2022 年 2 月 3 日浏览。

产生巨大的冲击，如果不能通过改善收入分配和提高社会保障水平予以对冲，则会给经济增长带来灾难性的后果（Keynes, 1978）。这个可能发生的灾难性后果，在一年之后即 1938 年由美国经济学家汉森（Alvin Hansen）表述为"长期停滞"（Hansen, 2004）。至于长期停滞的具体表现和基本特征，直到进入 21 世纪，特别是国际金融危机之后，才为更多的经济学家做出特征性概括，并且在研究者之间形成日渐扩大的共识（Summers, 2016）。

我们以经济史和学说史相结合的方式、从供给侧和需求侧相结合的角度，把凯恩斯悖论在当代世界经济和各国经济中的表现，做一个逻辑一致的归纳。一方面，人口老龄化减少劳动力供给、减缓人力资本改善速度、降低资本回报率和加大生产率提高难度，从而削弱经济的潜在增长能力。另一方面，老龄化也产生弱化比较优势和出口、降低投资意愿以及抑制居民消费的效应，从而削弱社会总需求。这供需两侧的效应，最终表现为一些国家以及世界经济的低通货膨胀、低长期利率和低经济增长表现。普遍存在的政策失误，则产生进一步加剧这些趋势的效果。在经济增长乏力的背景下，收入分配状况恶化和社会保障不充分，导致宏观经济政策中的民粹主义倾向，不仅未能解决问题本身，在很多国家还导致积重难返的新问题。

以美国为例，由于在理念上信奉新自由主义经济学，笃信收入分配的涓流效应，一度在政策上形成排斥再分配的倾向，面对劳动力市场和收入两极分化、消费低迷和投资意愿低下，金融资本滥用金融创新以及恶意助推等方式，鼓励居民借贷消费，推动政策量化宽松。例如，在劳动力市场两极化以及收入差距扩大的条件下，居民对正规和非正规信贷的需求显著提高，金融部门也对此做出反应，导致消费信贷的过度扩张。经验分析表明，以家庭无担保借贷总额与可支配收入之间比率表示的居民负债消费水平，同反映收入差距的家庭收入基尼系数表现出高度的相关性，表现为居民负债与收入不平等同步提高（Krueger and Fabrizio, 2005）。这种民粹主义宏观政策倾向，不仅表现在用信贷扩张的方式刺激消费，还表现在采取扩张性财政政策和量化宽松货币政策刺激投资以保持经济增长，从而与老龄化趋势一道，在低通货膨胀、低长期利率和低经济增长之外，为长期停滞再添加了高金融风险和高负债率的特征。[1]

三 合并悖论之间的同类项

让我们再回到对索洛悖论的讨论上来。围绕这个命题有卷帙浩繁的研究文献，在形成一定程度共识的同时，也产生了更多的分歧点。下面，我们仅简述这场学术争论中几个较为新近的研究成果。这不仅由于它们与本文的意图最相关，也在于厘清这些讨论中的逻辑线索，有助于我们理解诸多现实中的经济问题，特别是困扰世界经济的长期停滞现象（O'Rourke, 2015）。特别值得重视的一点是，这些讨论可以

---

[1] 关于美国宏观经济政策的民粹主义倾向，可参见拉古拉迈·拉詹（2011）。最新的研究，则从另一个角度表明量化宽松政策具有明显的政策先入之见。例如，法伯等人（Fabo et al., 2021）梳理了中央银行研究人员和学术界对量化宽松政策进行评估的文章，发现与学术界研究相比，中央银行作为政策实施者，在研究中倾向于得出政策有效的结论、找到政策有利于产出增长的经验证据，以及使用更为正面的语言阐述政策。此外，中央银行的管理层比较广泛地参与了这种政策效应研究。

帮助我们更好地洞悉凯恩斯和索洛提出的两个生产率悖论，从看似不相关的两者之间找到内在的逻辑联系。

以罗伯特·戈登（Robert J. Gordon）和泰勒·科文（Tyler Cowen）为代表的观点，具有较高知名度，从方法论角度可以被概括为"技术性质范式"，主要从供给侧的因素上解释生产率为什么停滞。例如，这种观点认为，以 1940 年为界，在之前与之后各 70 年中发生的技术革命，在根本改变人们的日常生活，以及生产率提高和分享方面具有巨大的差异。被人们过分渲染的新技术诱致产生的"新经济"，其实不仅无法与以往的伟大发明相比拟，还伴随着最终会阻碍增长的收入不平等、教育不公、人口停滞和财政不可持续等问题。

虽然采用相似的研究范式，这两位代表性作者的观点也具有差异性。例如，戈登认为 1940 年之前的技术进步具有明显的颠覆性和革命性，而在此之后的技术进步则不然。或者说前者是从 0 到 1 的创新，后者只是功能或性能的边际改进（罗伯特·戈登，2018）。科文的论述角度不尽相同，强调早期的技术进步更具有分享性，后来的技术进步则更偏于提高资本收益，缺乏包容性和分享性，因而导致收入差距扩大和贫富分化，由此产生一系列不利于经济增长，因而也不利于生产率提高的阻碍因素（Cowen, 2011）。

还有一类研究，从方法论上被称为"技术断层范式"。[1] 从尝试解答索洛悖论出发，这种研究发现了一些新的证据，揭示了一些新的现

---

[1]　这是阿西莫格鲁等（Acemoglu et al., 2014）对埃里克·布伦乔尔森等（Brynjolfsson and McAfee, 2011）研究结论和研究范式的一种概括。

象（Acemoglu et al., 2014）。第一个现象似乎表明索洛悖论已经得到解决，或者可以把索洛的表述进行这样的改写：如今生产率的统计中处处有计算机（新技术）的作用。研究中发现的第二个现象是，因计算机等新技术予以赋能的机器、机器人等自动化设备日益替代传统的劳动力和人力资本，导致劳动者就业面临更多各种各样的壁垒，工人的工资讨价还价能力被削弱，高质量就业机会减少，劳动者的地位相应降低。与此相应，研究中发现的第三个现象，便是美国的生产率增长与平均工资增长日益脱钩。

阿西莫格鲁等的研究则认为，说索洛悖论已得到破解还为时尚早。所以，他们有针对性地给自己的论文起名为"索洛悖论的回归"（Acemoglu et al., 2014）。他们发现，即便出现生产率提高的情形，也是由于在那些使用计算机和信息技术的产业，就业减少的幅度过大，因而与生产率的提高形成矛盾的现象。我们不妨这样来认识：索洛悖论并没有消失，但是，新的经验证据毕竟提供了新的洞见机会，使我们能够更好地理解这个命题。下面，我们不妨循着技术断层范式的思路，同时以其他研究成果补充一些重要证据，尝试做出一个符合逻辑的解释。

研究显示，在数字技术应用或者经济的数字化转型方面，行业之间以及企业之间存在着显著的异质性，进而在生产率表现上形成巨大的差异（Pilat and Criscuolo, 2018）。这种现象本是预料之中的。如果那些通过采用新技术成功提高了生产率的企业得以生存和扩张，同时那些未能做到这一点的企业遭到淘汰，恰好意味着创造性破坏机制在发挥作用。这本来也是创新的本质含义，经济整体生产率正是在这个过程中得到提高。问题在于，这种创造性破坏机制，即使在美国这种自诩的自由市场经济中，也不再能够完好地发挥作用。于是，我们可以归纳出两个阻碍生产率提高的机制及其表现。

第一是资源配置的僵化。以往的研究显示，在市场竞争中，生产率高的企业得以生存和扩张，生产率低的企业则萎缩和消亡，这种进与退和生与死机制是生产率提高的重要途径，对美国生产率提高的贡献率高达 1/3 到 1/2（Foster et al., 2001）。然而，托马斯·菲利庞（Thomas Philippon）更新的研究发现，企业的进入率和退出率从 20 世纪 80 年代至今整体处于持续降低的态势，使美国经济的营商活力显著降低（Philippon, 2019, Chapter 5 "The Failure of Free Entry"）。低生产率的企业不能退出和死亡，使得企业之间不能进行有利于生产率提高的资源重新配置。

第二是资源配置的退化。在营商活力降低以及制造业领域的就业创造赶不上生产率提高速度的条件下，被自动化排斥出来的劳动者只能转向生产率较低的服务业。如果说要素向生产率更高的部门流动标志着资源配置进化的话，这种相反方向的劳动力流动，则是一种资源配置退化的表现。在很多国家，服务业的劳动生产率都显著低于工业特别是制造业。虽然作为一个整体来看，美国服务业的劳动生产率高于工业，但是，如果以"可贸易部门"和"非贸易部门"来划分，这种资源配置退化现象也是真实发生的。例如，斯彭斯等（Spence and Hlatshwayo, 2011）发现，1990~2008 年，美国的新增就业几乎全部来自以服务业为主的非贸易部门，而非贸易部门的生产率不仅显著低于可贸易部门，而且具有停滞的特点。

在技术进步并在一些企业和产业拉动生产率提高的同时，能够提高经济整体生产率的创造性破坏机制却未发挥作用。阻碍生产率提高的资源配置僵化和退化现象，反而与技术进步和经济增长如影随形。这个结果可以恰如其分地刻画索洛悖论的表现，以此为出发点进行研究，也就可以得出索洛悖论产生的原因。然而，不仅索洛本人没有给出解决这个生产率停滞原因的途径，介入索洛悖论讨论的经济学家也未能就此类答案取得共识。

不过，在众说纷纭却逐步深入的相关研究基础上，如果再让凯恩斯和索洛进行一次跨越时空的对话，不仅可以帮助我们发现两者之间的共通之处，还可以提供一个打破索洛式生产率停滞的机会，或者更确切地说：合并两者之间的同类项，以此"悖论"破解彼"悖论"。概言之，索洛悖论关注的是生产率的提高，之所以被称作"悖论"，是因为应用新技术本是以提高生产率为目标，却未能达到提高经济整体生产率的初衷。然而，凯恩斯悖论一经提出便直切生产率提高后的分享问题。这就是说，只有引入生产率分享这个命题，才可能最终破解生产率持续提高的悖论。

四　生产率的提高与分享

人类经济活动的演进就是生产率不断提高与分享的过程。以产业结构和技术变迁的视角来看，从渔猎采集活动到定居农业和畜牧业，从农业到工业以及从工业到服务业的转变，未必是顺序排在后面的产业（简称后位产业），从一开始就具有高于排在前面的产业（简称前位产业）的生产率水平，而是在前位产业的生产率提高为后位产业的出现及发展创造必要条件，随着后位产业生产率的提高，引起资源重新配置并加快产业变革的步伐。下面，我们从两个要点来理解这个经济史过程，进而从经济学说史的几种重要范式出发，按照统一的逻辑揭示相应的政策含义。

首先，从一般规律性以及最终结果来看，第二产业特别是制造业的生产率显著高于第一产业，新型服务业的生产率高于第二产业。这种产业之间的生产率差距成为产业结构变化的驱动力和引导力，在每个产业自身生产率提高的同时，在经历经济增长和产业结构变化的过程中，产生进一步提高整体经济层面生产率的资源重新配置效应。从经济史中观察到的产业结构变化及其动力和后果，体现在经济学文献中两个含义相互关联并且互为补充的特征化事实。

第一个特征化事实被表述为"配第－克拉克定理"。该理论主要揭示了劳动力按照从第一产业到第二产业，再到第三产业转移的产业结构变化顺序，特别强调农业劳动生产率是非农产业发展的必要条件。克拉克的研究隐约地得出了与鲍莫尔成本病相类似的结论，即服务业劳动生产率的提高速度虽然相对缓慢，但由于人们对服务需求的收入弹性较大，因此该产业仍可获得与物质产品部门大体相当的回报（科林·克拉克，2013）。

第二个特征化事实主要从西蒙·库兹涅茨（Simon Kuznets）的研究概括而来。基于对跨国和长期数据的分析，他指出从前位产业到后位产业的转变过程，通常是一个生产要素，特别是劳动力遵循生产率从低到高顺序进行重新配置的过程（西蒙·库兹涅茨，1985）。所以，遵循生产率提高的路径和顺序而发生的产业结构变化，被青木昌彦称为"库兹涅茨过程"（Aoki, 2012）。包括库兹涅茨本人在内的许多学者进行的大量经验研究，都证明在各国的经济发展中，库兹涅茨过程是提高生产率的最主要途径。

其次，较早获得发展的前位产业在为后位产业创造必要的生产率基础的同时，其实也正是一个生产率分享的过程。之所以说"分享"，是由于对那些因时滞原因生产率尚未得到提高的产业，社会通常采取一种容忍的态度，给予时间任其在发展中提高生产率。诚然，最终也会有一些产业，生产率具有长期甚至永远滞后于全社会生产率提高幅度的特质，其继续存在是依靠分享社会整体生产率的提高。

漫长的人类历史表明，后位产业并不是从出现伊始就有较高的生产率，甚至并不注定就具有高于前位产业的生产率水平。例如，定居农业和畜牧业在很长时间里，劳动生产率是低于渔猎采集活动的，以致人类需要同时依靠两种活动才能维持生存（贾雷德·戴蒙德，2022，第6章）。在当代社会普遍观察到类似的现象，就是服务业中的很多部门（特别是生活服务业），劳动生产率显著低于制造业，因此，制造业的萎缩如果不能伴随着高端服务业的扩大，通常导致整体生产率的下降。在很多情况下，前位产业需要以容忍的心态与后位产业长期并存，同时以分享的方式帮助后者的发育和成长，直至条件成熟从而进入库兹涅茨过程。

威廉·鲍莫尔（William Jack Baumol）以表演艺术为例，揭示了一种产业生产率长期滞后于社会平均水平的现象。他和合作者在一本著作中指出，与制造业的生产率不断提高和单位成本不断下降特征正相反，表演艺术的活动过程本身，就是产出和目的，而不是制造某种产品或服务的手段，这一性质决定其生产率不会发生显著的提高，因而单位成本将不断上升。但是，既然人们普遍对演出具有实际的甚至是日益增长的需求，因而这个行业的报酬水平，仍然可以随整个社会报酬水平而水涨船高。这种现象及其研究范式被称为"鲍莫尔成本病"（Baumol's cost disease）。无论是以补贴的方式、依靠剧院经营模式的改进，还是通过传播方式的创新，其实都无关宏旨，表演艺术在本质上和总体上是依靠生产率的分享而得以存在的（Heilbrun, 2011）。

有趣的是，在思考生产率得到大幅度提高因而经济问题得到解决之后，人们如何利用富余出来的时间这个问题时，凯恩斯所举的例子也同表演艺术活动有关。也就是，当人们不再需要为生计而奔忙的时候，他们或者以歌唱打发时间，或者单纯享受别人的歌唱。只不过鲍莫尔关注的是作为产业活动的表演艺术。诚然，鲍莫尔的本意是讨论两种"赤字"之间的抉择难题，即一方面，生产率停滞导致单位成本提高，使社会在发展艺术时纠结于"财务赤字"；另一方面，如果艺术发展不能获得支持，便会使艺术消失或产生"艺术赤字"。不过，从经济学分析逻辑看，根据鲍莫尔成本病得出的结论，与根据凯恩斯悖论所引申的意思是一样的，即由于人们对表演艺术保持着需求，因而无论以何种方式，终究可以通过分享整体生产率的提高，使这种活动以产业的形式按照人们的需求永远地存在下去。

如果说鲍莫尔成本病假说隐含的结论，是需求决定生产率分享的可能性的话，我们还可以从提高生产率的角度看待生产率分享的必要性。这里引入另一个概念即"泽拉兹尼假说"，意思取自美国科幻小说家罗杰·泽拉兹尼（Roger Zelazny）的中篇小说《趁生命气息逗留》（罗杰·泽拉兹尼，2011）。对这篇文学作品中表达的哲理做一个经济学的引申，有助于我们从供给侧的角度认识到，分享生产率也为提高生产率创造条件。这篇小说讲的是在人类消失很久之后，人工智能系统按照人类被毁灭之前的最后指令，仍在日复一日、年复一年地重建地球。一个叫弗洛斯特的高级人工智能主体，在负责从物质结构上重建地球的同时，还试图理解人的本质以便重建人类本身。弗洛斯特与一个拥有关于人类知识的机器人之间进行过下面一段对话：

> "你说的又是度量了，而我说的则是积累的体验。机器正好是人的反面，因为它能描述人无法感知的某个活动的所有细节，但它却无法像人一样体验这个活动。"
>
> "一定能找到办法。"弗洛斯特说，"否则，以宇宙万物的运行为基础的逻辑就是错误的。"
>
> "没有办法。"莫德尔说。
>
> "只要有足够的数据，我会找出办法。"弗洛斯特说。
>
> "就算全宇宙的数据也无法使你变成一个人，伟大的弗洛斯特。"

凯恩斯预想的成长中的烦恼和调整中的痛楚，在现代社会不仅依然存在，而且更加深切，也日趋复杂。技术性失业在信息技术时代的崭新表现，是人工智能特别是具备了深度学习能力的机器人，预期可以无限度地替代人类工作，破坏就业岗位。不仅体力劳动者和重复性智力劳动者要与机器人竞争，那些对人力资本要求很高的职业和技能，也日益成为机器人替代的对象。在这种情况下，人类与自身的产物即机器人之间的本质区别，应该是人之为人的绝对优势，因而是劳动者赖以与机器人竞争的比较优势所系。

正如泽拉兹尼假说暗示的那样，相比于人工智能的数据处理能力乃至由此而来的学习能力，人类迄今为止仍然拥有的并且应该有意识地予以保持的绝对优势，是更深刻的认知能力乃至非认知能力。这种重在体验和感觉的人类特质和能力，既包括主动意识，如人际沟通、情感交流、劝说、讨论，乃至形成共同意识、进行合作和采取集体行动等，也包括微妙意识和潜意识，如我们通常以无可言喻、言外之意、心照不宣等词语所形容的那类情感。后一种感觉最突出地体现在各种人类艺术活动和作品之中。因此，以生产率分享的形式保持艺术活动的存在，激励艺术创作中创造性的充分迸发，或许就是人类生产率的长远乃至永恒源泉。

五　社会福利作为最高层次的分享

迄今为止我们都是在产业关系的层面讨论生产率的分享。这类分享现象普遍存在于历史和现实之中，也是理解生产率分享问题恰当的出发点和常见的着眼点。在本章所借用的概念或隐喻中，凯恩斯、鲍莫尔和泽拉兹尼不约而同地把艺术特别是表演艺术作为标志性的分析对象，也从方法论意义上具有启发性。从某种意义上说，对于表演艺术这种活动，人们尚未就克服鲍莫尔成本病的方式取得共识。不过，一个现实中存在的做法具有启发性，即在恰当的场合，可以把从业者的报酬与生产率予以脱钩。能够把经济活动表现与基本生活保障脱钩的根本性制度安排，便是国家层面的社会福利体系。下面，我们从不同层面上阐释社会福利作为生产率终极分享机制的理由。

以正式制度安排形成生产率分享机制，面临着可接受程度和运行可持续性难题。在仅仅存在于理论模型中的纯粹市场竞争条件下，不可能存在一些经济活动的生产率持续性地低于社会平均水平，或者其单位成本持续性地高于社会平均水平的情形。因此，由于这样或那样的原因，或者说出于"正当的"或"不正当的"理由，没有按照自由市场原则退出的经济活动，事实上是以一种非价格机制分享着提高了的全社会生产率。

生产率分享要求究竟是"正当的"还是"不正当的"，现实中常常难以做出准确的区分。我们可以将这种生产率分享要求区分为三种类型。第一种类型是鲍莫尔成本病所针对的类型，对社会来说是必要的分享。由于人们对诸如表演艺术这类活动具有较大的需求弹性，总体而言是可以得到解决的。第二种类型表现为低效率的经济活动不愿和不能退出的现象，通常造成资源配置僵化的效果。这种生产率分享显然是违背效率原则的。然而，如果在社会层面解决了对劳动者的保护问题，则可以让创造性破坏作用充分发挥。第三种类型则是凯恩斯悖论所揭示的，当社会生产率提高到一个更高的水平上时，如何把节约出的闲暇时间在社会成员中合理分配的问题，这是生产率分享的难点所在。

可见，面对这种必要与非必要的市场失灵现象的区分难题，任何局部性的解决方案，都不如形成一种全社会层面的制度安排，以便提供国家层面的必要公共品来得彻底。例如，被经济学家称为"新社会契约"的这种制度安排（Shafik, 2021），包括每个人在自己的生命周期不同阶段的分享、每一代人之间的分享、社会群体之间的分享，乃至人与自然之间的分享。一般来说，这种制度安排体现在社会福利体系的建设之中。

从全社会制度安排层面进行生产率分享，或者说建设社会福利体系的更重要和更充分理由在于，这个层面的生产率分享符合人的自由全面发展以及对人的充分保护这一发展目的，因而也是政府必须履行的职能所在。虽然凯恩斯和福格尔都触及这个问题，但是，最完整、最经典同时对中国最具针对性的表述，来自马克思。马克思在全面考虑共产主义社会不同阶段特征的情况下，从三个层次上，同时关注并论证了关于人与劳动之间的关系问题（Sen, 2021），是指导我们认识社会福利体系建设的最科学论述。

第一个层次考虑的是激励问题。在批评德国工人党纲领中的拉萨尔"不折不扣的劳动所得"概念的矛盾基础上，马克思在《哥达纲领批判》中揭示了在共产主义第一阶段上进行社会总产品扣除的必要性。由于每个生产者从社会领回的，正好是他给予社会的个人劳动量，因此这里体现的是按劳分配原则（马克思，2015）。马克思详细列出了对社会总产品进行必要扣除的项目，其中很多便具有社会共济、社会保护和社会福利的内容。

第二个层次考虑的是公平问题。马克思揭示了"个人劳动不再经过迂回曲折的道路，而是直接作为总劳动的组成部分存在着"这一共产主义社会的共性特征。由于在这个更高的发展阶段上，不再需要区分个人领回的劳动量与社会总产品的扣除量，所以，这里他所提出的，正是在共产主义社会更高阶段实行的按需分配原则（马克思，2015）。

第三个层次考虑的是自由问题。关于在生产率达到足够高的水平，以致社会财富充分涌流的条件下人的自由和全面发展，马克思和恩格斯在《德意志意识形态》中做了形象的描述，与本章讨论的几个经济学隐喻也颇为相似；与凯恩斯文中所说"我们将再次把目的置于手段之上，更加看重事物的意义本身，而不是仅仅事物的有用性"也有异曲同工之妙。马克思、恩格斯在文中写道（1960，第37页）：

在共产主义社会里，任何人都没有特殊的活动范围，而是都可以在任何部门内发展，社会调节着整个生产，因而使我有可能随自己的兴趣今天干这事，明天干那事，上午打猎，下午捕鱼，傍晚从事畜牧，晚饭后从事批判，这样就不会使我老是一个猎人、渔夫、牧人或者批判者。

从按劳分配到按需分配以至实现人的自由和全面发展，是一个循序渐进的社会演进过程。在整个过程中，对社会总产品进行必要扣除，即以社会共济、社会保护和社会福利等形式进行生产率分享的程度，应当根据人类社会发展形态、经济发展水平，以及特定时期既有的物质和能力来确定。约翰·肯尼思·加尔布雷思（John Kenneth Galbraith）在提出"丰裕社会"这个发展阶段的概念时，也是着眼于社会对公共品具有更高需求的特征（约翰·肯尼思·加尔布雷思，

2009）。由于生产率的提高是一个持续和积累的过程，对应这种进步，生产率的分享程度也应该得到持续增强，这将表现为社会福利体系的与时俱进和日臻完善。

六 趋势展望和政策含义

本章引述或概括若干具有隐喻性质的经济学概念，也简述对应的经济史事实，进而提出把生产率的提高与分享结合起来的命题。索洛悖论表达的主要是技术进步条件下生产率如何提高的困惑；凯恩斯悖论提出了生产率提高后如何分享的命题；鲍莫尔成本病从社会需求角度揭示了分享的必要性和可能性；泽拉兹尼假说则从提高生产率的角度强调分享的必然性。经济史既充满了各种生产率提高与分享的经验，也给经济学和政策提出了颇多难题，如三个产业之间以及不同经济活动之间的继承与培育关系，难以预料的经济活动新形态的涌现，前述艺术活动等特定产品与服务的成本病，尽皆如此。然而，唯有建立在社会层面的基本公共服务或社会福利体系，才能在生产率分享中做到内容的包罗万象和职能的纲举目张。

凯恩斯承认，生产率的提高从而经济问题的解决，不可能在所有人群中同时和同步发生，因此，变革必然是循序渐进的。但是，他也做了一个展望，预见终究会出现一个关键的时刻，即当生产率提高到足以让大部分人不再操心生存问题，人们之间彼此承担义务的性质就发生了变化，生产率分享的形式也将发生变化。对凯恩斯来说，这只是一个预言式的展望。不过，把理想模式与现实状况进行对比，两者之间的差异也能够帮助我们找到当前的问题所在，揭示相应的政策含义并提出建议。

无论是否存在着索洛悖论所揭示的生产率停滞现象，与凯恩斯所处的时代相比，当今世界的生产率的确达到了极高的水平。然而，人们对收入分配、均等机会和社会保护现状的种种诟病，说明生产率分享的程度严重滞后于生产率提高的程度。一方面，羸弱的人力资本积累阻碍生产率提高，从供给侧削弱潜在增长率；另一方面，居民消费能力弱和消费倾向低，从需求侧制约经济增长潜力的发挥。因此，世界经济和许多发达国家不仅深受索洛悖论困扰，也陷入长期停滞的陷阱。国际金融危机和新冠疫情大流行加重了症状，也进一步揭示出生产率分享不足是症结所在。

历史总是重复自身，经济史也呈现周而复始的特征。早在第二次世界大战及战后时期，欧美经济学家和政策制定者就以加快福利国家建设为制度载体，尝试并成功地以生产率的分享促进生产率的提高，催生了"婴儿潮"，改善了收入分配，形成了庞大的中产阶级，一度尽享高速增长红利。国际金融危机之后的长期停滞与疫情大流行的冲击，成为再次强调生产率分享的催化剂，很多高收入国家的政策纷纷转向增强政府再分配职能，加大对公共领域的支出，加强对市场和垄断性企业的规制，从而遏制不负责任的资本主义。从经济学和政策制定的角度看，风向正在转变，实践效果将会如何，生产率分享的举措能否成为生产率提高的契机，我们拭目以待。

以凯恩斯关于生产率增长预测的量级来看，中国改革开放40余年的实践，可谓一个突破天花板的案例，即经济总量和生产率的提高，超过了历史上任何国家在相同时长所取得的增长绩效，并且在生产率提高和分享之间取得了良好的平衡。1978~2020 年，中国的实际GDP 增长了 39 倍，劳动生产率（每个就业人员创造 GDP）提高了 20倍，实际人均 GDP 和居民人均可支配收入均提高了 26 倍。根据世界银行 2020 年数据和 2021 年中国经济实际增长率推算，2021 年中国人均 GDP 已经达到 11267 美元，已经十分接近跨越中等收入阶段的水平。在这个关键的发展阶段，通过推进改革和完善政策，进一步提升生产率提高与分享的水平，是提高和实现潜在增长率的制胜法宝。

参考文献

安格斯·麦迪森，2003，《世界经济千年史》，任晓鹰、许宪春译，北京大学出版社。

贾雷德·戴蒙德，2022，《枪炮、病菌与钢铁：人类社会的命运》，中信出版集团。

科林·克拉克，2013，《发展经济学的早期年代》，载吉拉德·M. 米耶、都德莱·西尔斯编《经济发展理论的十位大师》，刘鹤等译，中国经济出版社。

拉古拉迈·拉詹，2011，《断层线——全球经济潜在的危机》，刘念、蒋宗强、孙倩译，中信出版社。

罗伯特·戈登，2018，《美国增长的起落》，张林山等译，中信出版集团。

罗伯特·斯基德尔斯基，2006，《凯恩斯传》，相蓝欣、储英译，生活·读书·新知三联书店。

罗伯特·威廉·福格尔，2003，《第四次大觉醒及平等主义的未来》，王中华、刘红译，首都经济贸易大学出版社。

罗杰·泽拉兹尼，2011，《趁生命气息逗留》，李克勤等译，四川科学技术出版社。

马克思，2015，《哥达纲领批判》，人民出版社。

马克思、恩格斯，1960，《马克思恩格斯全集（第三卷）》，人民出版社。

托马斯·皮凯蒂，2014，《21世纪资本论》，巴曙松等译，中信出版社。

西蒙·库兹涅茨，1985，《各国的经济增长：总产值和生产结构》，常勋等译，商务印书馆。

约翰·肯尼思·加尔布雷思，2009，《富裕社会》，赵勇、周定瑛、舒小昀译，凤凰出版传媒集团、江苏人民出版社。

Acemoglu, Daron, David Autor, David Dorn, Gordon H. Hanson, and Brendan Price, 2014, "Return of the Solow Paradox? IT Productivity, and Employment in U.S. Manufacturing", *NBER Working Paper*, No. 19837.

Aoki, Masahiko, 2012, "The Five Phases of Economic Development and Institutional Evolution in China, Japan, and Korea", in Aoki, Masahiko, Timur Kuran, and Gérard Roland (eds.), *Institutions and Comparative Economic Development*, Basingstoke: Palgrave Macmillan, pp. 13–47.

Brynjolfsson, Erik and Andrew McAfee, 2011, *Race Against the Machine*, Lexington, MA: Digital Frontier Press.

Cowen, Tyler, 2011, *The Great Stagnation: How America Ate All the Low-Hanging Fruit of Modern History, Got Sick, and Will (Eventually) Feel Better*, New York: Dutton.

Fabo, Brian, Martina Jan oková, Elisabeth Kempf, and Luboš Pástor, 2021, "Fifty Shades of QE: Comparing Findings of Central Bankers and Academics", *NBER Working Paper*, No. 27849.

Foster, Lucia, John Haltiwanger and C. J. Krizan, 2001, "Aggregate Productivity Growth: Lessons from Microeconomic Evidence", in *New Developments in Productivity Analysis*, NBER/University of Chicago Press.

Hansen, Alvin，2004, "On Economic Progress and Declining Population Growth"，*Population and Development Review*, Vol. 30, No. 2, pp. 329-342.

Heilbrun, James, 2011, "Baumol's Cost Disease"，in Towse, Ruth (ed.) *Handbook of Cultural Economics (2nd edition)*, Cheltenham: Edward Elgar Publishing Limited, pp. 67-75.

Keynes, John Maynard, 1978, "Some Economic Consequences of a Declining Population"，*Population and Development Review*, Vol. 4, No. 3, pp. 517-523.

Keynes, John Maynard, 2010, "Economic Possibilities for Our Grandchildren"，in John Maynard Keynes, *Essays in Persuasion*, London: Palgrave Macmillan, pp. 321-332.

Krueger, Dirk and Fabrizio Perri, 2005, "Does Income Inequality Lead to Consumption Equality? Evidence and Theory"，*Federal Reserve Bank of Minneapolis Research Department Staff Report*, 363, June.

O'Rourke, Kevin Hjortshøj, 2015, "Economic Impossibilities for Our Grandchildren?" *NBER Working Paper*, No. 21807.

Philippon, Thomas, 2019, *The Great Reversal: How America Gave Up on Free Markets*, Cambridge, Massachusetts · London, England: The Belknap Press of Harvard University Press.

Pilat, Dirk and Chiara Criscuolo, 2018, "The Future of Productivity: What Contribution Can Digital Transformation Make?" *Policy Quarterly*, Vol. 14, Issue 3 (August), pp. 10-16.

Sen, Amartya, 2021, "Marx after Kornai"，*Public Choice*, Vol. 187, issue 1-2, pp. 27-32.

Shafik, Minouche, 2021, *What We Owe Each Other: A New Social Contract for a Better Society*, Princeton and Oxford: Princeton University Press.

Solow, M. Robert, 1987, "We'd Better Watch Out"，*The New York Time Book*

Review, July 12, p. 13.

Spence, Michael and Sandile Hlatshwayo, 2011, "The Evolving Structure of the American Economy and the Employment Challenge", *Working Paper*, March, Maurice R. Greenberg Center for Geoeconomic Studies, New York: Council on Foreign Relations.

Summers, Lawrence H., 2016, "The Age of Secular Stagnation: What It Is and What to Do About It", *Foreign Affairs*, Vol. 95, No. 2, pp. 2-9.

缪尔达尔的人口学与马寅初的财政学

本章是基于文本进行的经济史和经济学说史回顾，针对的主要文献分别是 60 多年前和近 90 年前的研究。在过去近一个世纪的时间里，世界及各国都经历过起伏跌宕的发展历程，遭遇过挫折的苦涩，也品尝过成功的甘甜，积累了有益的经验和惨痛的教训。因此，回顾与人口、财政相关的经济史和经济思想史，需要着眼于既往发生的事情和前人的总结。然而，仅停留在文本上还是不够的，应该始终保持历史经验与现实问题的紧密关联性。一个最重要的现实针对性，就是中国人口经历了人口转变的完整阶段，不仅劳动年龄人口已历经十余年的负增长，2022 年总人口也开始了不可逆转的负增长。本章将从基于缪尔达尔和马寅初相关著述，以及与之相关的其他经济学文献，简述两人面对过的人口问题，他们基于自己的财政理念形成的对人口问题的看法、提出的解决问题思路。进而，结合中国人口发展新常态特点，揭示本章回顾历史的现实意义。

一 两个重要学者和两种重要学说

本章标题借用了"互文"这一古典修辞手法。也就是说，本章并非仅仅讨论缪尔达尔的人口学，也不拟局限于讨论马寅初的财政学，而是同时讨论这两位学者的人口学与财政学思想。借用互文手法不仅仅是为了避免标题的烦琐，还有一个引起读者兴趣和关注的意图。缪尔达尔是诺贝尔经济学奖获得者，在宏观经济学和发展经济学领域贡献甚丰，对于瑞典经济社会政策影响巨大，所以，从经济学说史意义上，讨论他的财政思想似乎顺理成章。然而，鲜有人知的是，缪尔达尔的人口研究与政策建议，对瑞典的长期发展影响深远，甚至可以说为瑞典乃至北欧福利国家建设奠定了理论和政策基础。与之相反，马寅初作为人口学家的身份，在中国可谓家喻户晓，然而，大多数人并不知道，作为经济学家而非人口学家，他的专长却在金融学和财政学。

如果我们回顾缪尔达尔和马寅初的人口研究，而不去追究其背后的财政视角，由于两人面对的人口问题是截然不同的，得出不尽相同乃至相互对立的政策结论便是顺理成章的。例如，既然摆在缪尔达尔面前的是瑞典的人口增长过缓问题，马寅初面对的则是中国的人口过快增长问题，针对大相径庭的问题，得出背道而驰的政策建议，似乎完全在情理之中。然而，一旦我们看到两人具有不尽相同的财政理念，并且能够理解财政理念对于认识人口问题的关键性影响，就更善于把人口问题与经济增长的供需两侧动能、政府社会福利供给职能以及公共财政理念结合起来。这将有助于我们在促进人口高质量发展的过程中，形成更符合时代特征的政策理念，找到更有效力的政策工具。

缪尔达尔与马寅初还共有一个身份上的特点，即两人都同时是著名学者和高级别国务活动家，分别以不尽相同的方式，在瑞典和中国影响深远的大政方针制定中发挥过举足轻重的作用。所以，通过展示两位经济学家各自为公众所知与知之不多的两种学术面貌，同时揭示各自的人口主张与财政理念之间的联系，我们可以为他们勾勒出极简的学术传记。可以说，以这种简略的方式回顾特定的学术之争和决策过程，对于认识中国当下面临的人口相关问题，探寻解决问题的出路，可以获得很多有益的借鉴。

二 缪尔达尔发现和预警的"新人口危机"

缪尔达尔因其在货币和周期理论上的先驱性研究，以及关于经济、社会和制度现象之间相互依赖性的透彻分析，获得了 1974 年的诺贝尔经济学奖。包括我本人在内的中国经济学家，大都对其关于经济发展的鸿篇巨制《亚洲的戏剧》耳熟能详（缪尔达尔，2001）。然而，他在人口问题方面的著述却鲜为人知。直到中国翻译出版日本学者吉川洋（2020）的新书，其中涉及了缪尔达尔的人口分析和主张，同时也注意到其他一些学者（如汪琦，2021）撰写的介绍性文章，我才开始关注进而逐步了解缪尔达尔的人口研究及其传播和政策应用。

20 世纪 30 年代，缪尔达尔关于人口问题的研究和政策主张，通过学术著述的发表、在各种场合的演讲，以及对政策制定的游说，引起了瑞典社会的广泛关注，产生了超越国界的巨大影响（Barber, 2008）。在与妻子阿尔瓦（Alva Myrdal）合著并于 1934 年出版的《人口问题危机》一书中，缪尔达尔正式向关于人口的传统观念提出挑战。此后又为皇家人口委员会撰写了一系列报告，进一步阐述自己的观点。1938 年，受邀在哈佛大学做著名的格德金讲座（Godkin Lectures），演讲内容于 1940 年以专著的形式出版（Myrdal, 1962），标志着他们人口理论和政策主张的成熟。缪尔达尔从瑞典人口问题出发做出的经济分析和政策建议，在人口问题研究本身固然具有革命性的突破，在与之相关的财政理念、宏观经济政策和社会福利理论等方面，同样做出了显著的学术和政策贡献。

在缪尔达尔生活的时代，在经济学家乃至知识分子中占支配地位的人口观念，仍然是流传了 100 多年的马尔萨斯理论。这个传统教条认为，生活资料的增长速度永远无法超过人口的增长速度，因此，人均拥有的生活资料总是停留在或者不断回归到勉强维持生存的水平。既然如此，生育率越高、人口增长越快、人口数量越多，大众的生活质量则必然越低（马尔萨斯，2007）。而缪尔达尔系统地审视了人口变化规律，重新界定了人口与经济的关系，根据对瑞典当时人口状况的分析，毫不含糊地指出，人口停滞或萎缩对经济发展带来不利的乃至灾难性的影响。可以说，缪尔达尔所揭示的人口危机，全然不同于马尔萨斯意义上的人口过剩危机，所以，这里不妨把当时瑞典面临的人口问题称为"新人口危机"。

缪尔达尔在格德金讲座基础上于 1940 年出版的著作中，把瑞典的发展经历视为一个集现实、思想和政策为一体的社会实验室。他本人也确实从这三个维度对人口及相关问题进行了深入的阐释。可以看出，他在探索瑞典应该如何应对人口危机的同时，也着眼于完成一项经济理论和社会政策的革命。在更为具体地介绍他的理论分析和政策主张及其在学说史上的贡献之前，我们先来看他在研究范式上的两个重要贡献。我们将在下一节讨论的缪尔达尔的财政思想，是否不分先后地创造了凯恩斯主义革命，或者是否直接影响了当时瑞典的财政政策实施，学术界尚存在争议。但是，着眼于人口现实与经济理论和政策观念之间的关系，通过研究范式的变革，从深刻的分析中得出新认识，特别是将其运用到解释现实、揭示挑战和论证政策，缪尔达尔的贡献是独一无二的。

　　一个具有革命性意义的范式转变在于，缪尔达尔算得上是经济学家中最早理解和运用人口转变理论的。虽然最早划分人口转变阶段的文献出现在 20 世纪 20 年代末，但是，一般认为该理论成形于 40 年代。[1] 对人口转变的现代解释是，随着经济发展阶段从低到高的演进，人口再生产模式先后经历"高出生、高死亡、低增长"到"高出生、低死亡、高增长"，进而"低出生、低死亡、低增长"这样三个阶段的转变。在 1938 年的格德金讲座中，缪尔达尔回顾了农业劳动力和农村人口比重下降，以及城市化和工业化的推进过程，指出正是这些过程，塑造了新的人口发展模式，或者说推动人口转变进入新阶段，以致生育率和人口增长率双双下降。一方面，他在所有公开发表的著述和演讲中，反复强调瑞典面临的这种人口停滞趋势，已经危及国家

---

[1]　关于这一理论形成的时间线，请参见 Caldwell (1976)。

的生存。另一方面，他也指出，既然导致现行人口格局的经济社会结构变革是进步的表现，解决人口问题不能着眼于使这些过程倒退，而要指向积极而前瞻的方向。

另一个重要的贡献，体现在人口与经济关系的研究范式转变上。在这方面，缪尔达尔虽然拒绝了马尔萨斯学派的"人口负面效应"观点，却借鉴了马尔萨斯本人的"人口需求效应"观点。大多数学者对于以马尔萨斯为渊源的"贫困陷阱"假说的理解和运用，都是从供给侧出发的，即看到人口过剩导致低收入，进而导致储蓄意愿不强和积累能力不足（Kattel et al., 2009）；资本形成的不足反过来维系着这个产出不足的循环。而包括缪尔达尔、凯恩斯、汉森在内的一些经济学家，则同时看到并十分赞赏马尔萨斯理论中的需求侧逻辑：人口增长停滞造成需求侧能力陷入羸弱无力的恶性循环，即消费不足造成产出过剩，投资不足造成过度储蓄（蔡昉，2021）。这个研究范式对于理解人口老龄化条件下的当代世界经济新常态，仍然具有现实意义。

就人口变化而言，瑞典当时的情形与如今发达国家面临的问题颇有相似之处。因此，缪尔达尔特别强调的人口停滞乃至负增长，将从需求侧造成对经济增长的制约这个判断，应用于当前很多国家的现实，也完全没有时过境迁之感。在他看来，问题主要表现在萎缩的人口将增大投资风险、降低投资需求，使投资支出不足以花掉因老龄化而增加的储蓄。无论是出于个人的先见之明，还是由于现实与历史之间就是如此地合辙押韵，缪尔达尔当时即指出，某些产业对人口停滞的反应尤为敏感，如房地产和基础设施建设，都会出现需求不足从而抑制投资的现象。即便政府介入而加大公共投资，也面临着对私人投资产生挤出效应的危险（Barber, 2008, p. 55）。此外，他也指出一旦经济增长停滞，新成长劳动力也便难以获得满意的职业发展机会，从而使社会流动性降低。

三　瑞典模式的诞生：“从摇篮到坟墓”的逻辑

缪尔达尔并没有停留在人口与经济增长的关系上面，而是把自己的分析拓展到更为宽广的层面，因为不如此的话，则无法找到并提出解决人口问题的具体政策建议。他宣称的政策目标，是实现人口规模的稳定，即人口数量不会发生绝对的减少。对人口学家来说，这个目标也可以表述为，确保总和生育率即每位妇女平均而言终身生育的孩子数，维持在 2.1 这个更替水平上。为此他提出的政策主张是，政府以提供公共服务的方式（而不是直接支付现金），消除那些构成家庭生养孩子障碍的额外支出负担。在推动包括性别平等在内的一系列社会观念变化的同时，这也帮助实现了瑞典福利国家中心理念“人民之家”，向具有操作性的行动指南和路线图的过渡（闵冬潮，2017）。

例如，缪尔达尔建议的具体政策做法包括：通过提供公共住房和对私人住房给予租金补贴，改善家庭住房条件；通过直接提供健康食品，提升居民家庭的营养水平；实行全民公费医疗保障，大额度地提供产妇补贴；提供婚姻贷款，帮助人们在合理的年龄段上成家立业；在中小学已经实行了公费保障的基础上，通过国家奖学金支持贫困家庭的孩子进入大学（Barber, 2008, pp. 57-58）。可见，他所认识到的有利于生育的政策举措，远远超越了针对狭义的生育行为。就连当时站在缪尔达尔对立面的政治家也无奈地指出，人口问题被（缪尔达尔）用作了社会改革的撬棍。缪尔达尔所建议的这些扩大社会福利的措施，在理论上并非无源之水或无米之炊，而是通过引起对人口问题的讨论和应对，推动了从认识范式到政策理念的转变，帮助瑞典社会实现了从单纯解决人口问题到全面社会改革的跨越。

首先，在他那里，再分配不再是一个"劫富济贫"或"抽肥补瘦"的手段，而是一个完整的公共财政模式。缪尔达尔把再分配区分为两种类型：一是在收入水平意义上不同家庭之间的再分配，或"纵向再分配"；二是在生育水平意义上不同家庭之间的再分配，或"横向再分配"。前者的目的是调节家庭之间的收入差距，是传统意义上的再分配。在当时的认识水平上，人们完全可以理解其合理性和必要性。然而，在孩子的有和无以及多和少的家庭之间进行再分配，换句话说没有孩子或者孩子少的家庭补贴多生孩子的家庭，却需要改变人们的认识。只有认识到养育孩子的收益在家庭和全社会之间存在着不一致性，或者说认识到人口问题是一个社会层面的问题，人口数量与质量的统一关乎国家的人力资本积累，才从理论上为这种不具有调节收入性质，而是通过社会共济鼓励生育的横向再分配提供了实施的理由。

其次，社会政策实现了一个根本性的转变，即从采取旨在整治不正常社会行为、关怀那些身陷异常状态的人群、救助各种弱势群体的手段，逐渐转向采取更为制度化的政策措施，使社会得以避免产生这些非正常行为，使潜在的弱势群体得到安全网的兜底。缪尔达尔认为，实现这个转变不啻开启一个"新纪元"，主要表现在社会政策的三种转变上：其一，社会政策的目标从医治社会弊端，转向防止这些弊端的发生；其二，社会政策的职能从事后治疗型转向事前预防型；其三，社会政策体系构造，从出于公平正义和慈善考虑采取的应对手段，转向对全民进行全面保障的制度构建。

最后，在重新界定社会政策本质的基础上，指出以家庭和儿童为社会政策对象目标的必然性。缪尔达尔阐释了家庭和儿童是社会的未来，因此，社会政策的全新政策目标，就是对国家的人力资本进行投资。从这个认识出发，社会政策就不再表现为公共开支的负担，政策实施也不应该被看作是"非生产性"或"无收益性"的操作。这个认识转变的意义在于，一旦在理念上确立社会政策的生产性和社会收益性质，社会改革本身也就可以成为一个有激励、有动力的过程。也就是说，由于改革可以带来显著的收益，私人收益固然可以让获益群体成为改革的支持者，以社会收益对改革的潜在受损者进行合理补偿，也有助于把改革的阻力降到尽可能小的程度。

论述至此，缪尔达尔尝试进行的认识范式的转变，其目的自然是推动理念的更新和政策的变化，事实上也的确产生了预期的结果。不仅如此，鉴于人口问题的因果链条十分绵长，涉及的社会政策领域非常广泛，理论、观念和政策的变化均远远超出了预期的广度和深度。随着很大一部分养育孩子的经济负担，通过税收和再分配，从单个家庭的预算集中到国家财政的统筹，相应的支持手段和福利保障与家庭所挣收入不再挂钩，就意味着单纯的人口政策建议，不仅推动了鼓励生育政策的实施，还转变成综合性的社会政策改革，进而全面提升为福利国家的建设任务。

缪尔达尔与妻子阿尔瓦共享荣誉的人口问题著述，被认为是"福利国家宣言书"（汪琦，2021，第 67 页）。在这一系列理论成果发表之后，缪尔达尔夫妇的政策主张，通过锲而不舍的游说努力，经过立法程序最终得到实际应用。从提出现实紧迫问题并使之成为大众关注的焦点，到投身于理论问题的阐释和探讨、推动范式和观念的更新，进而成功推动政策实施，甚至开启了福利国家建设这一新纪元，他们作为学者和国务活动家的工作成效，几乎是所有知识分子梦寐以求的职业生涯目标。议会对他们提出由国家承担鼓励生育的支出责任等建议，展开了广泛而激烈的争论。在 1937 年的议会上，一系列旨在鼓励生育的政策建议，以法案的形式获得通过和颁布，以致这期议会被称为"母婴议会期"。此外，这次议会还制定了全面的高累进税计划，禁止讨论避孕的法令被废除，对孕妇的就业歧视行为被禁止（Barber，2008, p. 59）。

缪尔达尔夫妇身体力行的理论阐释、大众传播、政策辩论和立法游说，产生的影响甚至超越了瑞典的国界。例如，汪琦（2021）在对相关文献进行回顾时，揭示了在福利国家建设过程中，缪尔达尔夫妇的著作对丹麦产生过巨大的影响，以致两个国家在福利国家建设过程中，从主导思想转变、社会舆论热点和政策采纳程度等方面，从内容到时间顺序都无不相同。进一步来说，无论是直接的影响，或者是由于相同问题诱致相似的制度模式，总之，20 世纪 30 年代和 40 年代成为福利国家建设的奠基时期。福利国家建设包括一系列社会保护项目的形成、确立和制度化。国际劳工组织（ILO, 2017, p. 6）根据国家立法的年份，以特定社会保障项目立法的国家比重这一指标，为各种社会保障项目的实施排出了一个大致的时间顺序（见图 1）。

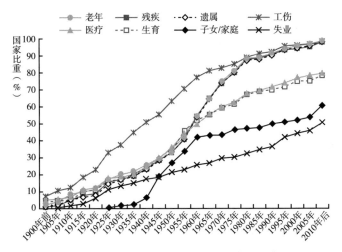

图 1　各种社会保障项目的实施顺序

资料来源: International Labour Organization (ILO), World Social Protection Database; ISSA/SSA, Social Security Programs Throughout the World: http://www.social-protection.org/gimi/gess/RessourceDownload.action?ressource.ressourceId=54617。

　　虽然社会保障项目的国家立法并不等同于实际的政策手段，更不直接反映实施的效果，但是，我们仍然可以从这个时序中得出几点有益的结论。从顺序来看，社会保障项目的实施存在明显的时间差别。工伤保险起步最早，随后出台的是老年保障、残疾 / 伤残保险和遗属津贴。这说明各国较早就倾向于把由于自然和非自然原因丧失劳动能力群体的社会保护，作为国家或社会的责任。医疗保障、疾病保险和生育补贴一度与上述社会保障项目发展速度相当，但在 20 世纪 60 年代之后就慢了下来。失业保险和子女 / 家庭津贴起步较晚、发展较慢，且实施的普遍化程度迄今在各类社会保障项目中仍然是偏低的。但是，在20世纪40年代到60年代期间，即最早一批福利国家形成时期，子女／家庭津贴这个社会保护项目发展最迅速。这也从另一个侧面印证：应对人口危机堪称福利国家建设的催化剂。

四　福利国家的财政理念和政策

实施这些社会政策或提供社会福利，都涉及公共社会支出的问题，自然与财政理念和财政模式紧密相关。古今中外，任何时候只要涉及扩大政府支出的政策建议，都不能回避这样的问题：钱从哪里来？在这个问题上缪尔达尔是成竹在胸的，理论底气就在于他对传统政府职能从而财政理念的突破。1932年，他正式成为社会民主党的一员，同时开始为瑞典就业委员会工作，并撰写了题为《社会政策的两难困境》的咨询报告。这份报告和1933年及1934年为财政部长撰写的另外两份报告，深入阐述了经济周期与公共财政的关系，以及财政政策可能具有的经济效应（Barber, 2008, Chapter 4, pp. 38-51）。

财政是政府履行必要职能所依托的公共资源配置制度，在此制度下政府根据收入可能性和支出必要性制订预算。一般来说，政府收支的规模和预算约束的特点，取决于政府履行社会事务职能的范围及介入的程度。这方面存在的针锋相对的认识和实践，实际上是经济学一个长期争论焦点的反映。如果用最直截了当的方式表达，就是关于在国家资源的配置中，政府与市场各自应该发挥多大作用，以及在社会财富的最终使用中，公众与个人各自应该获得多大比重的争论。从本章讨论问题的角度可见，传统的财政理念至少基于两种认识，在这个理念、实践之争中选边站队。

传统财政理念的第一个认识，是主张政府的社会保护责任有限。在社会福利体系的必要性和限度问题上，始终存在着对立的观点，分别与关于政府责任和财政限度的理念一一对应。例如，蒂特姆斯（Titmuss，1974）把居于光谱两端的社会福利理念，分别称为剩余型模式和制度型模式。前者与政府责任有限的理念相吻合，强调市场、个人、家庭和社会组织的作用，政府仅仅在对最困难群体的社会救助和最基本生活保障方面承担有限的责任。如前所述，缪尔达尔论证了生育、养育和教育行为可以产生社会收益，并且指出这种外部效应可以拓展到全生命周期，也就突破了政府责任有限论和最小化财政社会支出的理念。

传统财政理念的第二个认识，是主张财政预算的约束应该量入而出。这种认识把政府预算约束与家庭预算约束混为一谈，认为两者都必须是硬的，必须在收入与支出之间保持绝对的平衡关系（Kelton，2020）。并且，由于主张政府对社会事务的有限责任，社会保护和社会福利事务具有非生产性和无营利性，这种财政收支平衡进一步被界定为紧平衡和短期平衡。在这种理念下，财政机关只是国家层级的财务管理人或者出纳员，因而也就不能成为宏观经济调控者。这种理念和实践源远流长，不仅在缪尔达尔和凯恩斯以前全面支配着政府的财政行为，即使在财政政策成为宏观调控手段的当今世界，财政紧缩（austerity）也常常成为掣肘政府应对经济衰退的有害药方，很多国家为此付出过惨痛的代价。

　　从缪尔达尔关于财政作用的文献可见，他以经济学家的身份和智慧，颠覆了传统的财政理念，对财政作为宏观经济政策工具进行了精辟的阐述，至少在时间次序上不晚于凯恩斯。这方面的论述及其贡献可以做如下概括。首先，他反驳了主流的"平衡预算乃'健全的'公共财政之核心"观念，主张财政应该是扩张性的，可以说是批评财政"紧缩"理念的第一人。其次，他反对以年度为时间界限追求财政平衡，主张从整个经济周期的时间跨度上考虑收支平衡问题，由此重新定义了"财政稳健"的含义。再次，他倡导用财政刺激投资和扩大公共就业的方式，达到或恢复充分就业状态，并指出这种政策所具有的乘数效应。最后，他革命性地指出这种财政支出和政府性融资都是"生产性的"。他论证道，由于财政刺激手段可以达到复苏经济和恢复税收的效果，实际财政负担比账面上显示的支出要小。

　　当时瑞典采取的扩张性财政政策，究竟是以缪尔达尔为代表的本土经济顾问说服的结果，还是受到凯恩斯等英国学者的影响，至今仍是一桩没有定论的公案。然而，存在这样一个关于时间上孰先孰后和实践中孰重孰轻的争议本身，恰恰说明缪尔达尔及其所代表的斯德哥尔摩学派，在扩张性财政理论和政策理念方面，其贡献可与凯恩斯主义并驾齐驱。经济史表明，瑞典当时实施的刺激性财政政策，的确可以认为是早于美国罗斯福新政的一种国家实践。

　　对于缪尔达尔来说，以社会福利扩大作为应对人口危机根本途径思路的可行性，显然不能基于传统的平衡预算理念之上，而必须建立在他自己坚信的扩张性财政思想根基之上。我们可以借助图2来解释，财政理念如何影响宏观经济调控方式以及社会政策选择。以图中初始

财政平衡 B 作为参照点，囿于年度平衡的传统财政理念，看到的只是扩大政府支出对短期收支平衡的破坏，如图中 O 到 Y 这个区间所示。从宏观经济调控的意义上，缪尔达尔主张以一个完整的经济周期作为收支平衡的参照区间，即图中 O 到 C 区间。这样，一旦应对周期的财政政策奏效，在经济复苏的同时收支平衡便得以重新实现。进而，缪尔达尔从应对人口危机出发，论证了社会福利支出是一种对国家人力资本的投资，是生产性和有社会收益的。这样，收支平衡的时间跨度便进一步放大，不仅超越一年的界限，还可以超越一个经济周期的区间，甚至达到跨越一个人口队列乃至一代人的时间。从长期来看，公共财政预期不仅可以实现长期收支平衡，甚至可以通过发展可持续性的增强，在更高的水平上实现财政可持续性，在图中表现为 C 点右边的情形。缪尔达尔为福利国家建设奠定的这一必要和坚实的财政理念，至今仍然与很多卓有成效的实践相联系。

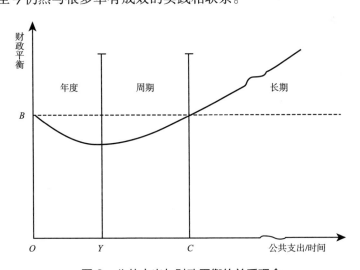

图2　公共支出与财政平衡的关系理念

五 "盖国情如此"：马寅初眼中的人口问题

如果说，缪尔达尔超前的学术思想最终转化为实施的政策，得益于他身兼学界和政界双重身份的话，马寅初教授具有同样的公共职务优势，甚至有着比缪尔达尔更高的社会声望。两个人在不同国情条件下遇到的人口问题固然不尽相同，但是，他们忧国忧民的意识与情怀溢于言表，其著述也成为经典性文献。1953 年，中国进行了第一次全国人口普查，结果显示人口自然增长率高达 20‰。马寅初预计还会有诸多因素使这个增长率继续提高，因而对人口过快增长忧心忡忡，遂于 1955 年开始以全国人大常委会委员的身份数次发声，建议采取计划生育政策以控制人口的增长。他的系统分析以及对一些批评意见的回应，全部体现在众所周知的《新人口论》一书中（马寅初，1997）。

从当时来看，马寅初作为经济学家，涉猎和专长的领域均不是学科意义上的人口学。从事后来看，他借以提出计划生育政策建议的分析，无论从人口学角度，还是从经济学角度，都存在不符合学理逻辑的成分。可以说，他主要是以常识性的叙事方法论证自己的结论，提出自认为恰当的政策建议。最重要的一点是，他对当时已经成型的人口转变理论一无所知，以致做出了一个今天看来颇为荒谬的人口"预测"而不自知：他假设了一个年均 30‰ 的人口自然增长率，并且认为这个速度是恒久不变的，因此，这个人口增长速度便意味着，从那时算起的 50 年以后，中国人口总规模将达到 26 亿（马寅初，1997，第28 页）。此外，他列举的人口过快增加不利于经济社会发展的各种理由，也未能得到后来理论发展的支持和经验事实的检验。

　　显而易见，马寅初论证和论据中所存在的局限性，并不是当时他受到官方主导的大范围批判的原因。并且，虽然当时遭到围攻式的批判，个人也受到不公正的对待，但他关于控制人口的思想和主张，与当时及后来的最高决策层的认识并不抵牾，他所提的种种建议事实上都被落实在政策中，并付诸实施（曹前发，2009）。尽管个人际遇上存在差别，所提政策建议得到的官方认可度不尽相同，同时政策获得采纳的时滞略有不同之外，马寅初在中国决策高层获得的最终政策认同，其实并不逊于缪尔达尔在瑞典受到的待遇，两人均可谓改变历史方向的人物。当然，两人意图解决的问题从而所提出的政策主张，应该说完全是相背而行的。不仅如此，作为政策建议的必要理论支撑，两人的财政理念更是大相径庭。

　　马寅初从在美国写作硕士论文和博士论文开始，作为经济学家的关注领域和主要成就，基本上都体现在金融和财政问题的研究方面。并且，他归国后的著述大多发表于中华人民共和国成立之前，不乏对国民党政府搜刮民脂民膏、实行赤字预算引发恶性通货膨胀等政策的有力抨击。同时，从其一些著述中也可以看到，他对凯恩斯的扩张性财政观念持拒绝的态度，或者说他本人更注重财政平衡的理念。马寅初财政理论的这种取舍偏好，必然影响到他对于经济政策的态度，决定其对某项政策究竟是持赞成态度还是持反对态度，是提出正面建议还是做出负面批评，实际上也成为他的人口观形成的思想基础、分析范式和政策逻辑。

　　马寅初从旧中国小农经济占主导的国情出发，否认凯恩斯主义在中国的适用性，明确表示"凯恩斯的大著以及凯恩斯学派的学识移植于我国，实有格格不入之弊"（马寅初，2006，第21页）。他列举了一系列小农经济特征与凯恩斯理论基本假设的风马牛不相及之处（马寅初，2006，第10~21页）。这些方面包括：小农的就业方式决定了，对他们而言，并不存在所谓自愿失业与非自愿失业的区分；小农经济条件下的储蓄者与投资者是同一个主体，两种职能集于一身；由于不存在边际消费倾向递减和资本边际报酬递减的现象，因而小农经济这种生产方式对价格信号是不敏感的；贫富不均的现象并不表现在资本所有者与劳动者之间，而是存在于地主与佃户之间，因此，资本要素和劳动要素的相对价格并不具有调节经济活动的作用，资本主义危机的典型表现在这里也不存在，因而诸如公共工程建设等也充当不了对冲经济周期的手段。

这种与凯恩斯理论格格不入的财政收支静态视角和短期平衡理念，显然会影响到马寅初对人口增长的认识。当把生育和人口增长看作是一种负外部性时，他对人口问题的深深忧虑大多出于国家财力的考虑。例如，在列举人口过快增长的弊端时，他反复强调的是人口增长与资源之间的矛盾问题，譬如财力不足状况会加剧、资金缺乏更为严重、消费和积累比例愈趋失调等。这些表述也表明，对于国家为居民提供基本公共服务，他始终持一种相对保守的态度。实际上，他主张国家干预人口过剩、实行计划生育政策的理由之一，就是养育孩子的国家开支大于家庭开支。在他看来，人口数量与人口质量是相互替代的关系，与人口增长相伴的产假、托幼、生育补贴和教育等支出，都是对诸如加速积累资金、成年人学文化，以及科技发展等建设性资源的挤占。

　　鉴于人口、财政以及两者之间的关系是与发展阶段以及国情紧密相关的复杂问题，本章无意也不宜对这方面的针锋相对理念和政策主张做出简单评判。正如马寅初"盖国情如此"所表达的意思那样，在经济发展水平、人口变化方向和国家财力等方面都截然不同的条件下，学者秉持或接受不同的财政理论和人口学说、提出迥然相异的政策建议，以致促使国家最终选择截然不同的应对模式，不仅取决于特定制度和文化背景下的认识范式，更受限于特定国情下的选择空间，因而都应该被看作是特定时代背景的产物。因此，很难在学术和政策层面做出孰是孰非的终极判决。然而，这个经济史和经济学说史的考察，可以帮助我们取得的共识是，一旦国情或其中某些方面发生了变化，政策选择空间也相应改变，理论认识和政策制定都应该与时俱进。

六　人口新政、公共财政新理念和福利国家建设

　　将缪尔达尔与马寅初作为考察的对象，概括并比较两人关于人口和财政的理论、理念和政策主张，不仅从经济史或经济学说史上具有学术意义，对于中国面临的发展任务和挑战来说，尤其具有现实的政策意义。本章始终避免对两人的学术思想和政策主张做出孰优孰劣的评判，而着重于揭示人口观点与财政理念之间的动态关联性。一方面，在忧心于人口过快增长并且着眼于提出解决方案时，人们满眼看到的都是财力的不足，所以倾向于秉持静态和紧缩的财政理念，于

是，解决问题的出路便局限于对人口进行控制。另一方面，在忧心于人口停滞乃至萎缩，进而着眼于解决此类问题时，有些学者和政策制定者则倾向于摒弃紧缩的财政理念，更乐于接受凯恩斯的财政理论，即在资源未得到充分利用的条件下，借助财政的生产性特征和扩张性功能，推动全社会资源的更充分利用。

从人口转变和经济发展视角来看，中国已经处在一个崭新的阶段，面对的问题和挑战全然不同于马寅初当年的人口过快增长问题，同缪尔达尔的人口增长过于缓慢问题也不尽然相同。为了说明这一点，可以把两位经济学家面对人口问题时所处的年代，分别界定为"缪尔达尔时点"（1934 年瑞典的情形）和"马寅初时点"（1957 年中国的情形），从几个指标上观察不同的国情特征，并与中国人口达到峰值的时点（2021 年）进行比较（见表 1）。从这个比较中，我们可以得到的最重要结论是，无论与以往的哪个时点相比，从主要的人口与经济发展指标来看，中国如今都处于更高级的发展阶段。特别需要注意的一点是，在更高的经济发展水平上，中国的总和生育率已经处在极低的水平上，人口总量随即（2022 年）开始负增长。

表 1　历史参照时点与中国现实发展阶段的比较

指标	缪尔达尔时点 （1934 年）	马寅初时点 （1957 年）	中国人口峰值时点 （2021 年）
人口（万人）	622.2	64653	141260
总和生育率	1.57（2.17*）	6.05（4.45*）	1.30
人口增长率（‰）	3.39	23.23	0.34
人均 GDP（国际美元）	3991	637	6048

续表

指标	缪尔达尔时点 （1934 年）	马寅初时点 （1957 年）	中国人口峰值时点 （2021 年）
农业就业比重（%）	33.3	81.2	22.9
城市化率（%）	72.5*	15.4	64.7

注：* 为世界银行数据库提供的 1960 年数字；1934 年瑞典和 1957 年中国的人均 GDP 引自麦迪森（2009），2021 年中国该数字系按照相同口径估算得到。

资料来源：国家统计局网站：https://data.stats.gov.cn/；世界银行数据库：https://data.worldbank.org/；麦迪森（2009）；Barber (2008)。

以极低生育率、人口负增长、更深度老龄化和区域人口增减分化为标志，中国人口发展在一个新的阶段上形成新常态。人口发展的这一新常态，也拓展了经济发展新常态的内涵。如果说 2011 年以后劳动年龄人口的负增长，主要从供给侧降低经济潜在增长率的话，人口发展新常态标志着需求侧特别是居民消费，日益成为经济增长的常态制约（蔡昉，2023）。与之相对应，中国的长期发展则面临着双重任务，即通过实现人口高质量发展，支撑实现中国式现代化。可见，人口高质量发展被赋予了推动实现中国式现代化的手段的功能。具体而言，从人口发展角度，要求推动生育率向更加可持续的水平或更替水平回升，以稳定人口规模；从经济发展角度，要求促进居民收入水平和消费水平提高，以打破需求瓶颈。

诚然，随着人口转变达到更高的阶段，生育率下降是一个符合规律的现象，随着经济发展进入更高的阶段，经济增长也不可避免从高速转向中高速乃至中速。然而，中国人口和经济国情的"未富先老"特征，意味着仍然存在着尚未挖掘的生育潜力，以及有待开启的经济增长动能。这都需要进行相应的体制改革、政策调整和制度建设，由此获得提高生育率和增长率的改革红利。概括而言，能够把挖掘生育潜力和经济增长动能毕其功于一役的政策框架，不在传统的宏观经济刺激工具箱中，而在于覆盖全民和全生命周期的社会福利体系，或者说以"幼有所育、学有所教、劳有所得、病有所医、老有所养、住有所居、弱有所扶"为内涵的基本公共服务保障。加快建立这个体系的过程，也就定义了中国式福利国家的建设，可以达到以下期望的目标。

首先，挖掘人口生育潜力。联合国调查显示了一个饶有趣味且符合逻辑的现象：世界各国的总和生育率虽然天壤之别，从不到 1 的水平直至高达 7 不等，各国居民却表达出大致相同的期望孩子数——大约为两个，基本上等于 2.1 这个更替水平的生育率（UNPD, 2019, p. 9）。这也意味着，实际生育率无论是向上还是向下偏离这个期望孩子数，都可以在一定的条件下向该水平回归。除了遵循经济社会变化的一般趋势之外，中国极低生育率的形成还受到一些特殊因素的影响（都阳，2005）。至今，诸多因素已经构成一个影响生育意愿的既定格局，包括长期实行严格的计划生育政策、社会福利的整体水平和包容性较低，以及社会流动的不充分性等。可见，中国居民的期望孩子数，应该不会显著低于更替水平生育率，生育潜力远未挖掘殆尽。国际经验也表明，在人类发展水平和性别平等程度都达到极高水平的条件下，已经降低的生育率可以再现回升的趋势（Myrskylä et al., 2011）。

其次，提高居民消费意愿。扩大居民消费通常有两条路径，一是通过扩大就业和增加居民收入，提高居民的消费能力；二是通过改善收入分配、提高基本公共服务水平和均等化程度，提高居民的边际消费倾向。这两个方面都有着巨大的潜力可供挖掘。除了收入水平及其差距导致的消费能力不足之外，城乡二元结构等体制因素造成的社会保障不健全，也使得部分居民在家庭支出决策上存在着后顾之忧，边际储蓄倾向过高，消费意愿受到了抑制。从构成城镇就业主体的两个劳动者群体，即城镇中低收入劳动者和进城农民工，可以典型地看到这种现象。前者在老龄化和现收现付性质养老保险制度条件下，肩负养老保险缴费者、家庭老年人赡养者和预防性储蓄者三重负担；后者尚未取得城镇户籍因而未均等地获得基本公共服务保障。因此，虽然处在最活跃的就业状态，这些重要人口群体的消费意愿却受到压抑。通过制度建设和完善打破相应的制约，可以显著提高他们的消费倾向（蔡昉，2023）。

最后，提高人民生活品质。从人口层面看，生活品质的提高取决于两个来源：一是作为就业和创业回报的收入增长，二是由政府和社会提供的基本公共服务水平提高。这两个来源在提升人民生活品质中的相对重要性，与人口转变阶段和经济发展阶段紧密相关。随着人口进入少子化、老龄化阶段，居民对社会保障和社会福利的需求日益提高。随着经济发展进入更高阶段，生产率提高和社会财富积累既提出更均等分享的制度需求，也为必要的再分配创造了财政可能性。各国发展经验揭示了一个被称为"瓦格纳法则"的现象：随着人均收入水平的提高，政府支出，特别是其中社会性支出占 GDP 的比重也趋于提高（Henrekson, 1993）。由此可见，社会福利的扩大通过挖掘生育潜力和提高消费意愿，有助于保持中国经济在合理区间增长，从而与现代化的推进过程同步提高人民生活品质。

参考文献

安格斯·麦迪森，2009，《世界经济千年统计》，伍晓鹰、施发启译，北京大学出版社。

蔡昉，2021，《万物理论：以马尔萨斯为源头的人口—经济关系理论》，《经济思想史学刊》第 2 期。

蔡昉，2023，《人口负增长时代：中国经济增长的挑战与机遇》，中信出版集团。

曹前发，2009，《"错批一人，误增三亿"说之历史误读》，《百年潮》第 12 期。

都阳，2005，《中国低生育率水平的形成及其对长期经济增长的影响》，《世界经济》第 12 期。

冈纳·缪尔达尔，2001，《亚洲的戏剧：南亚国家贫困问题研究》，方福前译，首都经济贸易大学出版社。

吉川洋，2020，《人口与日本经济》，殷国梁、陈伊人、王贝贝译，九州出版社。

马尔萨斯，2007，《人口原理》，丁伟译，敦煌文艺出版社。

马寅初，1997，《新人口论》，吉林人民出版社。

马寅初，2006，《财政学与中国财政——理论与现实（上册）》，商务印书馆。

闵冬潮，2017，《"人民之家"里的"人民"和"家"——1930 年代瑞典福利国家乌托邦的理想与实践》，《山西师大学报（社会科学版）》，第 44 卷第 6 期。

汪琦，2021，《人口危机及对策：1930 年代瑞典丹麦福利国家的铸造》，《澳门理工学报》第 4 期。

Barber, William J., 2008, *Gunnar Myrdal: An Intellectual Biography*, Houndmills,

Basingstoke, Hampshire and New York: Palgrave Macmillan.

Caldwell, John C., 1976, "Toward a Restatement of Demographic Transition Theory", *Population and Development Review*, No. 2, pp. 321-366.

Henrekson, Magnus, 1993, "Wagner's Law - A Spurious Relationship?" *Public Finance / Finances Publiques*, Vol. 48 (2), pp. 406-415.

Kattel, Rainer, Jan A. Kregel and Erik S. Reinert, 2009, "The Relevance of Ragnar Nurkse and Classical Development Economics", in Rainer Kattel, Jan A. Kregel and Erik S. Reinert (eds.), *Ragnar Nurkse (1907–2007): Classical Development Economics and Its Relevance for Today*, London · New York · Delhi: Anthem Press, pp. 1-28.

Kelton, Stephanie, 2020, *The Deficit Myth: Modern Monetary Theory and the Birth of the People's Economy*, New York, NY: Public Affairs.

Myrdal, Gunnar, 1962, *Population: A Problem for Democracy*, Gloucester, Mass: Peter Smith.

Myrskylä, Mikko, Hans-Peter Kohler, and Francesco C. Billari, 2011, "High Development and Fertility: Fertility at Older Reproductive Ages and Gender Equality Explain the Positive Link", *MPIDR Working Papers* WP-2011-017, Max Planck Institute for Demographic Research, Rostock, Germany.

Titmuss, Richard, 1974, *Social Policy: An Introduction*, London: Allen and Unwin. International Labour Organization (ILO) (2017) *World Social Protection Report 2017-19: Universal Social Protection to Achieve the Sustainable Development Goals*, Geneva: International Labour Office.

United Nations, "Department of Economic and Social Affairs", Population Division (UNPD), 2019, *World Population Prospects 2019: Highlights* (ST/ESA/SER. A/423).

| 第六章 |

重新认识"制高点"

丹尼尔·耶金和约瑟夫·斯坦尼斯罗所著《制高点：重建现代世界的政府与市场之争》（以下简称《制高点》）的英文版最初在1998年出版，2000年由外文出版社推出中文版。直到2021年，我才读到这本曾产生巨大影响的畅销书，作为读书人固然有相见恨晚的遗憾，作为经济学家也有几分庆幸，因为该书出版后20余年的世界经济已经演进到一个新的历史方位，从而给了我们新的观察和思考角度，以便重新解读该书的主题——政府与市场之争。换句话说，《制高点》一书在总结经济学说史和经济史之后所揭示的大趋势，在20年前看，很容易使人以为历史终结了，而在20年后的今天来看，结论则迥然不同。

一　关于"制高点"的叙事

或许由于《制高点》的第一作者耶金是普利策奖得主，这部巨著极富故事性，读起来引人入胜，该书还被拍成三集系列片在美国公共电视网播出。这本书与弗里德曼夫妇（米尔顿·弗里德曼和罗丝·弗里德曼）的《自由选择》有异曲同工之效，即都是从新自由主义的世界观和认识论出发，以畅销书风格写作，阐释关于自由市场制度的至高优越性。如果说弗里德曼夫妇更多是从理论逻辑上，对现实世界的经济问题做出新的叙事，使读者产生"原来如此"慨叹的话，耶金和斯坦尼斯罗更像是以第二次世界大战后数十年各国经济发展的成败得失，评判源远流长的政府与市场之争的孰是孰非，让读者产生"确实如此"的感受。

这本书试图讲述的，是关于全新的世界经济及各国经济，在战后如何重生并发展的故事。以普通读者为对象，围绕政府与市场的学说之争和现实成效，本书叙述了政府干预经济从而妨碍市场机制作用，如何在不同国家导致经济发展的全盘皆输，而重建对市场的信念和发育市场体制，如何在世界经济的各区域凯歌前进。可以说，作者以预设的结论即市场优于政府这个结论，对世界、世界三个划分地区（第一世界、第二世界和第三世界）、南北美洲、欧洲、亚洲、非洲，以及从英国、美国、日本、印度，到苏联（及俄罗斯）、中国、玻利维亚等诸多国家的经济发展历程做了新的叙事，也可以说为以不同划分标准界定的经济体，写出一部部逻辑上相互关联的极简经济史。

众所周知，关于市场在经济发展中作用的学术思想，与现代经济学同时诞生，以亚当·斯密及其不朽著作《国富论》为鼻祖。也就是说，以斯密为源头的现代经济学，在从褴褛到成熟的漫长过程中，都笃信自由市场可以对资源做出最有效的配置，这一信仰也成为微观经济学的主流假设。在学说史意义上对这个信条做出挑战的第一人和第一书，是梅纳德·凯恩斯及其代表作《通论》。其人其书首次把市场失灵作为一个有助于构造新的理论框架的假设，对于在其基础上建立起的宏观经济学来说，政府以这样那样的方式影响经济活动，也是合乎逻辑的。耶金和斯坦尼斯罗并没有卷入这场人们所熟知的论证，而是以"制高点"这个修辞，当作政府必须在促进经济发展中发挥重要作用的关键词。

1922 年 11 月列宁在共产国际第四次大会做了一个讲话，在论证允许市场发挥调节作用的新经济政策时，也阐述了国家控制"制高点"的观点。列宁以"制高点"这个概念表示国家控制经济中最重要成分的必要性，本意或许是为了说服他的布尔什维克同事无须担心市场的作用和私人经济的存在。然而，随着这个政策理念为英国费边主义者和工党，以及印度国大党和尼赫鲁领导的政府所采纳，并传播到其他国家的领导人那里，便与凯恩斯经济学以及拉丁美洲激进政治经济学形成合流，成为政府介入和干预经济活动的坚实理论基础。

作者循着政府和市场交替发挥主导作用这条主线，在潮起潮落的跌宕起伏中讲述战后经济发展，展示思想的力量。在战后相当长的时间里，选择计划经济和政府干预，并将其转化为壮大国有经济、建立福利国家、实施贸易保护主义、许可证制度、价格管制等经济政策。随着倾向于政府主导的经济发展日益暴露出诸如低效、滞胀、垄断、寻租等问题，也随着痴迷市场机制的新自由主义经济学的兴起，自 20世纪 70 年代起，政策风向便转向市场发挥更大作用甚至唯一作用。美国的里根经济学、英国的私有化浪潮、中国的改革开放、印度等国家解除规制的改革、拉丁美洲国家的贸易自由化、苏联和东欧国家的市场化、北欧和西欧的福利体制改革，等等，都被作者归入这一潮流之中。作者毫不隐讳地宣示对市场经济体系的充分信心，寻求从根本上重新界定政府和市场的关系，认定钟摆不会再摆回去。

二　"弗里德曼周期律"

该书关于政府和市场在调节经济功能上孰优孰劣的叙事，在逻辑上似乎存在矛盾之处。结合其明确得出的结论和未予明示的潜台词，作者的意思可做以下解说。首先，政府主导型的经济政策最初取得了成功，直到这些政策最终失败。然而，何以会发生从早期成功到最终失败这个 180 度的大转折，却缺乏一以贯之的解释逻辑。其次，作者接下来讲述了市场机制如大潮一般再次占据主导地位，并且认为历史从此而终结。固然，本书的观点也好，较之早 10 年由弗朗西斯·福山（2003）提出的历史终结论也好，以及罗伯特·斯基德尔斯基 1993 年著作以政治经济学逻辑进行的重述也好，都得出历史终结于市场体制重新占上风的结论。然而，本书的叙事和论述都没有为这个结论提供什么独到的证据。从再过 10 年的今天来看，人们在批评福山失算的预言之时，也需要对耶金和斯坦尼斯罗对政府与市场之争所做的结论性判断做出反思。

吴敬琏在《制高点》中文版序言中，用"六十年风水轮流转"形容从强化政府职能到建立市场体制的倒转。作者在书中也多处引述历史人物对思想、政策和实践具有周期性变化特征的观察。这方面，已有一个现成的表述，我称其为"弗里德曼周期律"。20 世纪 80 年代末，同为经济学家的弗里德曼夫妇写过一篇文章（Friedman and Friedman, 1989），认为无论是笃信自由市场还是崇尚政府干预，都分别会以波涌的方式存在，先是形成意识形态层面的潮流，随后，当相应的思想取得主流地位进而转化为政策，便形成了实践层面的潮流。一种思想和政策潮流占上风的情形延续特定时间之后，又会逐渐让位于另一种思想和政策潮流占上风的情形，而危机往往是重大转变的催化剂。他们指出，在欧美经济发展的历史上，倾向于市场与倾向于政府这两种思想及政策潮流，大约是以 50~100 年的时期间隔，交替着占据主流和主导地位。

实际上，许多思想家和研究者都观察到两个思潮的这种周而复始现象，诸多文献也记录过相关的经验证据。问题在于，为什么总是在对政府的信赖与对市场的痴迷两者之间，形成相互对峙的一方，进而产生此消彼长的变化？为什么这种思潮和实践的周期被认为具有特定的时间尺度，即大约 50~100 年完成一个周期呢？

如果把政府与市场之间孰是孰非的争论，限制在西方社会思潮和政策取向的范围内，实际上它产生于资本主义精神的起源，展开于资本主义发展的整个过程。面对这样宏大的主题及其涉及的庞杂内容，我们不妨采用一种简明的方式处理，即对西方历史上的杰出思想家一一对应地列举出来，由于每一组中对应人物的思想和主张都广为人知，以这样的方法进行叙事，可以达到以最小篇幅传达尽可能多信息的效果。至少在以下几对思想家之间，在关于政府还是市场应该发挥更大作用的问题上，存在着强烈的反差。

　　首先，马克斯·韦伯最先把新教伦理与资本主义精神联系起来，而这个在内涵上可以有无数种解说的"精神"自诞生伊始，便在两大思想家即马丁·路德和鹿特丹的伊拉斯谟之间形成了旗帜鲜明的对峙。一方面，从路德开始的宗教改革各派别，各自为追求世俗物质利益的思想体系发展做出贡献，启发了作为市场经济基础的个人主义认同。另一方面，伊拉斯谟从更富有人文精神的思想体系出发，以君主（政府）为对象宣扬"善政"，甚至事无巨细地提出了诸如清扫城镇、修路架桥、营建楼堂、清理水塘、疏浚河床、修筑河堤和开发沼泽等公共品供给的建议。

　　其次，作为《国富论》作者的亚当·斯密，与作为《道德情操论》作者的亚当·斯密之间，对是否存在财富的"涓流效应"，因而政府是否需要承担弥补市场缺陷的职责等问题，回答也并不全然一致，或者说侧重点不尽相同。一方面，斯密认为市场这只"看不见的手"通过调节不同个人之间的供给与需求行为，可以使不同人群各得其所，达到社会各阶级的普遍富裕。另一方面，他也并没有把劳动与资本这两种要素等量齐观，而是认识到两种要素具有不同的性质，因而劳动报酬之间的差异远远大于资本回报之间的差异，指出通往繁荣的道路上必然存在不平等，暗示政府实施扶困济贫等再分配政策的必要性。

　　再次，在美国国父托马斯·杰斐逊和亚历山大·汉密尔顿之间，也展开了两种思潮及政策主张的著名论战。围绕奴隶制的合法性、中央政府权力和行动自由、发行国债、设立国家银行、国家扶持制造业发展等问题，两人展开了针锋相对和旷日持久的争论。秉持更注重政府发挥作用的观点和政策主张的一方是汉密尔顿，正如《杰斐逊传》

的作者所言，他就是上帝创造出来专门反对杰斐逊所有价值观的那个人。此外，另一位国父詹姆斯·麦迪逊和第28任总统伍德罗·威尔逊，也被学术界认作是一对跨越世纪、隔空对决的思想家和决策者，这种美国版的"关公战秦琼"关系，也证明思想和政策的传承的确是平行发生的。

又次，众所周知的是，类似的思想对决还在经济学家梅纳德·凯恩斯与弗里德里希·哈耶克之间展开。在凯恩斯主义占主导的宏观经济学理论中，市场失灵已经是一个前提假设，这使政府干预经济在学理上具有了合法性。虽然凯恩斯宣称自己并不关心长期问题，实际上，他的经济学思想直接间接地影响了许多国家经济政策的长期取向，包括在理论上支持了英美两国福利国家的形成。即便凯恩斯经济学的地位已经式微，但每逢爆发经济危机，各国的决策者总是不约而同地启用凯恩斯式手段，即政府出面实施各种刺激性政策。至于在社会认可上体验了过山车般跌宕起伏的哈耶克，则始终坚定不移地反对国家以任何形式介入经济，成为后来盛行的新自由主义经济学的精神教父。

最后，从意识形态的高度和哲学的深度，围绕究竟是政府权力还是个人权利应该具有更高优先序等问题，在同为哈佛大学教授的政治哲学家约翰·罗尔斯和罗伯特·诺齐克之间，也展开了影响广泛的学术论战。罗尔斯基于社会契约论提出平等权利的主张，内容包括开放的公平机会平等原则，以及社会最少获益成员优先的利益差异原则，等等。诺齐克则主张个人权利优先于国家权力，国家只能作用于个人权利之外的活动空间，并且，个人权利决定国家的性质、合法性及职能，而不是相反。这两种思想所树立的价值判断标准，分别对经济学家和政策制定者产生影响。

三　极端化政策及转型的代价

弗里德曼夫妇引用了莎士比亚戏剧《尤利乌斯·恺撒》中的一段话：世事如潮。激流勇进，足可成就一番事业；错过潮流，终将一事无成。意思是说，经济学家应该顺着潮流的方向，成为市场的倡导者。从较长历史来回顾的话，这个引述及解释也反映出，在经济学家的影响下，政治家分别追逐政府和市场潮流的结果，最终形成了以数十年时间为量级的政策长波，无论在哪个波段上，制度设计和政策选择都不可避免产生过度的偏倚和倾斜，从而造成扭曲和失败。在付出惨痛的代价之后，另一个极端的思潮逐渐占上风并影响政策选择，便意味着周期的倒转，这一转型过程同样让社会付出代价。

弗里德曼周期律是有一个时长表达的，但是，50~100 年这样的大周期原本就过于粗略，从来就谈不上是精准而严格的界定；在《制高点》一书的几处地方，作者也引用了不同时期政治家关于周期时长的说法，通常也指向一代或者几代人这样的数量级。所以，对于政府与市场交替起伏的周期和频率问题，大可不必在时长的准确性上较真。我们不妨做以下理解。其一，正如凯恩斯所称，经济学家和政治哲学家的思想，无论对与错，其影响力都远远超过人们所能理解的程度。也就是说，偏向政府与偏向市场的思想，从其中一个占据主导到另一个取而代之，需要一代人以上的时间被人们所接受。其二，玛格丽特·

撒切尔夫人承认，她所推动的英国政策变化始于思想和信念。而思想和信念需要转化为政策，从政策设计、提出、试验到被接纳直至全面实施，也需要足够长的时间。此外，为了使政策周期与政治周期相吻合，常常还需要等待的时间。其三，无论是基于旧思潮的政策从占上风到暴露弊端，及至被认为难以为继，还是基于新思潮设计出另一套政策，在心理和物理意义上都需要一定的时间。简而言之，在理论逻辑上和历史逻辑上，弗里德曼周期律是成立的，一个周而复始的时间是比较漫长的。

人类的思想传承也好，现实中存在着的认识也好，本来都表现为一个广泛而完整的图谱形态。也就是说，无论什么样的思想和政策主张，总是可以从左到右排成一个依次过渡的序列，相互之间密切衔接。然而，现实中经济政策却是在极端化的环境下推行的，往往不能接受不同思想之间相互取长补短的"中庸之道"。一方面，由于经济学的发展越来越追求抽象、单一和至简的理论模型，而拒绝处理纷繁复杂却影响结果的中间变量；另一方面，由于互相竞争、非此即彼的党派政治总是彻底否定政治对手的思想和政策，把自己政策主张的优越性绝对化，导致意识形态趋于极化。

某种思潮和政策主张一旦占据主导地位，就不能吸纳自己对立面可能提供的有益补充，这既增大了因政策绝对化而导致的失误概率，也错失了随时修正错误以减少失败的机会。如此，所犯错误便会以恶性循环的方式积累，直至把错误推到极端，以致只能通过政治过程来终结。换句话说，以改朝换代的方式对以前的思想和政策遗产进行根本清算，从而开始又一轮循环往复。相同的道理也决定了，从一种思想及政策转向新的思想及政策的过程，也会使社会付出巨大的代价。这里说的社会代价既包括转型不成功造成的社会经济灾难，也包括无论成功与否，在转型过程中不可避免会给部分（但常常不是少数）社会群体带来损害。《制高点》一书所列举的撒切尔推行削弱工会的政策、苏联和东欧国家采用休克疗法实行私有化、"芝加哥小子"遵循"华盛顿共识"推动的拉丁美洲改革，等等，都付出了巨大的社会代价。

政府和市场两种对立思潮及其政策取向，形成潮汐一样的周而复始现象，还受到更为深层的因素支配。《制高点》把政府和市场之间的分歧，完全放在由政府控制还是市场机制调节经济上面来讨论，却有意无意地忽略了一个更重要的差异，即政府发挥更大作用的一个方面，是政府履行收入和财富再分配的功能，而市场原教旨主义则假设市场能够自动解决分配不公的问题。在任何社会，无论是否到了不共戴天的程度，穷人和富人的分野和对立都是存在的。按照托马斯·皮凯蒂著名的 $r>g$ 不等式，收入差距的不断扩大是一种趋势性现象，如果没有政府发挥再分配职能，初次分配领域的市场机制无法实质性缩小收入差距，最终会酿成社会对立和社会冲突。沃尔特·沙伊德尔（2019）在《不平等社会》一书中描述的那种激进甚至暴力的解决途径，使历史成为一系列周期性爆发、代价惨痛事件的组合。

四　新潮涌起和中国的选择

在政府和市场截然分立并且各自涵盖了过于广泛内容的框架下，

如果要论证与《制高点》相对立的另一轮潮涌是否兴起，或许需要做更深入的研究，写更大篇幅的文章，以便容纳更多的讨论和证据。然而，如果我们着眼于政府维护社会公平正义，从社会福利、社会共济和社会保护等方面向全体人民提供均等的公共产品，并与市场本身不能自发地解决收入分配不公问题进行对照观察，也就是说从相对可控的内容上界定弗里德曼周期律，则可以有把握做出一个判断：政府发挥更大作用的新潮正在全球涌起。

美国实施包括社会保障项目在内的罗斯福新政，英国按照《贝弗里奇报告》的蓝图构建社会保障体系，分别推动两个国家在第二次世界大战之后建成福利国家。随着收入分配得到改善、中产阶级迅速扩大，以及未曾预料的"婴儿潮"的出现，为两国赢得为时不短的经济繁荣。在西方政治中，更多的再分配功能和社会福利供给，往往与政府拥有更大的行政权力如影随形，因此，政府控制价格和工资的形成、推行贸易保护主义、实施行政垄断等过度干预经济的政策，也伤害了市场机制的作用。于是，美国的罗纳德·里根和英国的玛格丽特·撒切尔几乎同时上台，全盘接受了新自由主义经济学教条，进而将市场原教旨主义转化为解除规制、减税、去福利化和私有化等一系列政策。这些实践与发展中国家接受华盛顿共识、原计划经济国家实行经济自由化，以及欧洲国家对福利体制进行改革，共同推动了新一轮潮流。

不无关联却未必具有因果关系的是，这个时期世界也经历了经济全球化和科技革命的兴起。然而几十年过后，人们再次痛苦地认识到，经济增长也好，全球化也好，科技革命也好，这些可以做大蛋糕的过程，都不具有分好蛋糕的天然机制。跨国公司、大型科技企业和金融集团赚得盆满钵满的同时，收入和财富差距显著拉大，导致收入两极分化、社会流动性下降和阶层固化，从而导致中产阶级不断萎缩，进一步造成社会分化和政治分裂。美国特朗普上台、英国脱欧，以及诸多国家实行民粹主义、民族主义和保护主义政策，可以说皆为上一轮不受约束的市场经济实践的必然结果。

中国在改革开放过程中，没有盲目接受任何流行的思潮或既有的模式，而是根据自身所要解决的激励和效率问题，采取了渐进式的经济改革和对外开放方式，也努力保持经济增长和社会发展的协调，在逐步构建社会主义市场经济体制的同时，始终注重更好发挥政府作用。处理好政府与市场的关系，实现两者的相互补充和有效结合，固然是一个需要不断探索的长期课题，政府参与经济活动的具体方式，也要随着发展阶段和国情的变化而与时俱进，不过，把以人民为中心作为改革开放发展的出发点和终极评判标准，决定了中国必然要把维护公平正义、改善收入分配、畅通社会流动通道，持续促进全体人民共同富裕，作为政府必须占据的最优先级别的制高点。

参考文献

丹尼尔·耶金、约瑟夫·斯坦尼斯罗，2000，《制高点：重建现代世界的政府与市场之争》，段宏等译，外文出版社。

弗兰西斯·福山，2003，《历史的终结及最后之人》，黄胜强、许铭原译，中国社会科学出版社。

沃尔特·沙伊德尔，2019，《不平等社会：从石器时代到 21 世纪，人类如何应对不平等》，颜鹏飞等译，中信出版集团。

Friedman, Milton D. and Rose D. Friedman, 1989, "The Tide in the Affairs of Men", Saturday, April 1, Foundation for Economic Education: https://fee.org/articles/the-tide-in-the-affairs-of-men/ .

| 第七章 |

社会福利的竞赛

在国家之间特别是大国之间竞争愈益激烈的国际环境下，中国实现经济发展的高水平自立自强，需要顺应发展阶段的一般规律，从自身面临的主要挑战出发，在关键领域不断提高国家竞争力。中国已经进入一个新发展阶段，在实现经济增长和共同富裕目标的进程中，面临着来自国际和国内的一系列重大挑战。在经济全球化遭遇逆流、世界经济进入长期停滞、全球供应链脱钩的国际环境下，以及在老龄化加深、人口负增长的国内背景下，需求侧因素日益成为经济增长的主要和常态制约，扩大消费需求愈益显现其重要性和紧迫性。鉴于此，通过再分配等途径构建中国特色福利国家、提高社会福利水平和均等化程度，是促进共同富裕目标和打破经济增长面临制约的关键之举，也是增强中国国家基础竞争力的重要任务。以增强国家竞争力为目标进行的社会福利竞赛，仍然要遵循尽力而为和量力而行的原则，坚持社会福利水平的提高同发展阶段相适应，最大化挖掘社会资源和财政能力的潜力，以分好蛋糕确保不断做大蛋糕。

一　打造竞争优势是国家之间关系的本质

国家之间具有相互竞争的关系，本来是一个为人类数千年历史所揭示的不言而喻的事实。在威斯特伐利亚体系形成之前，这主要表现在领主之间以及君主之间，为争夺领土和财富而进行的无序征战。在那之后到大约两次世界大战先后结束的时间里，则主要表现在对世界经济控制权和政治霸权的争夺。第二次世界大战后国家之间的竞争，尽管仍不乏对霸权、领土、资源和财富的争夺，但总体来说是以经济、贸易和技术的竞争为表现形式。由于贸易和投资等国际分工活动是市场主体通过交易进行的，国家介入往往意味着干扰这类活动的保护主义，因此，为了宣示自己维护自由贸易的态度，西方很多主流经济学家一度否认存在国家竞争力这回事，认为竞争力是企业层面的事物，相互竞争仅仅发生在企业之间，尽管既可以在国内进行，也可以在国际范围进行。

迈克尔·波特（2002）较早尝试构建一个国家竞争优势理论。他针对主流经济学家仅仅关注国家之间存在比较优势这种看法，认为劳动力、自然资源和资本等生产要素禀赋，在经济发展中的作用日趋减弱，而表现为整体生产率、经营环境和支持性制度的国家竞争优势，才是国家经济繁荣发展的源泉。于是，提高国家竞争力就不仅要倚仗企业的生产率，也需要国家在政策和制度安排上予以支持。保罗·克鲁格曼（2010）坚定地否定这种观点。为了论证的需要，他还专门树立了一个批评对象并称之为"战略贸易论"。对于国家需要在一些特定领域取得国际领先地位的主张，以及克林顿政府把这种理念变成官方信条和国家政策的做法，克鲁格曼予以严厉的批评。

　　然而，无论在这种学术讨论中持正方论点还是反方论点，谁都不能真正否认国家之间存在着竞争关系。在当代国际关系领域，特别是以大国关系为核心的国际经济政治博弈中，学者们和顾问们津津乐道于争论中美之间进行冷战甚至热战的可能性，或者争论中美之间"战略性竞争"究竟竞争什么（Campbell & Sullivan, 2019）。而在现实中，国家竞争关系已经日趋强化，并主要体现在贸易摩擦乃至贸易战、供应链脱钩、科技封锁、颠覆性科技创新能力竞赛等一系列竞争关系之中。跨国公司和金融投资者也看到这些冲突的存在和可能的演进路径。例如，在一个访谈节目中，桥水基金创始人瑞·达利欧针对中美关系，指出有五种冲突的形式或称"战争"，其中已经在进行的分别是贸易战、技术战、地缘政治战和资本战，他同时也指出，未来两国之间发生军事战的可能性也不能排除。[1]

　　从经济发展角度，我们可以从两个层次上认识国家竞争力。在第一个层次上，可以称为显示性竞争力，包括国家在国际分工中表现出的产业比较优势、在国际市场上表现出的产品竞争力，以及在全球供应链中所处的产业地位及其韧性。在第二个层次上，可以称为基础性

---

[1]　参见 https://ritholtz.com/2020/10/transcript-ray-dalio/，2022 年 1 月 10 日浏览。此外还可参见 Gillian Tett, The US and China Are already at War. But Which Kind? *Financial Times*, 28 November 2021。

竞争力，包括国家在人力资本和财富上的积累水平、基础设施的完整和可持续程度、战略性资源的储备和动员能力，以及民生保障和社会福利水平。国家竞争力固然是由各种成分构成的综合国力表现，需要从诸多方面推动形成；同时，根据世界经济的状况和国家经济发展阶段，在塑造竞争力的过程中侧重点也会随时随地有所变换。

在实现了全面建成小康社会的第一个百年奋斗目标、进入全面建设中国特色社会主义现代化的新发展阶段之际，新发展理念赋予中国的国家竞争力新的内涵和必然性。保持国家竞争力的内容包括经济总量和人均水平的增长、科技和产业链自立自强能力的增强，以及居民收入和社会福利的提高。这几个方面体现的国家竞争力，既具有互为条件和相互促进的关系，又体现在各个具体领域。例如，盖洛普公司主席吉姆·克利夫顿（2012）在其《就业战争迫在眉睫》一书"致中国读者"的序言中指出，中美之间还进行着"就业战争"，中国能否赢得这场就业战争，决定中国经济能否继续保持在世界经济中的主导地位。

更加广而言之，以幼有所育、学有所教、劳有所得、病有所医、老有所养、住有所居、弱有所扶为内涵，覆盖全民和全生命周期的社会福利体系建设，是中国塑造国家竞争力的一个越来越重要的组成部分，也是未来 15 年的优先任务。向全体居民提供兼具社会福利、社会共济和社会保护功能的基本公共服务，是中国特色社会主义现代化的基本要求，也是促进共同富裕的必要途径。由此产生的提高人民福祉和扩大消费需求效应，是中国经济在合理区间持续增长的基础保障，因而也构成中国国家竞争力的重要组成部分。从合作与竞争相统一的视角，这个既非以邻为壑也非零和博弈的竞争，可以被称为社会福利的竞赛。

二　国家竞争力的内涵与必然性

既然国家之间的竞争是一个不以人们的意志为转移的客观存在，以增强国家竞争优势为目标的国家战略也就是顺理成章和必然的选择。这不仅体现在以其他国家为现实的或假想的对手，或干脆将其当作一个参照系，谋划自身的战略领先地位和政策优先序，也表现为在经济社会事务中更加强调发挥政府作用，以克服市场在实现战略意图中可能发生的失灵现象。这种战略意图可以借用一句著名的论断来表述，就是国家要占据经济社会事务的制高点（耶金和斯坦尼斯罗，2000）。对于大国来说，这个制高点一般应该包括：第一，在世界经济中具有影响力的经济总量；第二，作为国力增强、人民生活水平提高保障的经济总量及人均水平增长速度；第三，总体上堪称完整或至少没有被卡脖子短板的供应链和科技体系；第四，保障全体人民分享发展成果的社会福利体系和社会保护机制。下面，我们从几个方面来理解，为什么在那些自立自主发展的国家，特别是在中国这样日益走近世界舞台中央的国家，必须保持和提高国家竞争力。

首先，国家竞争力是国家安全的重要保障。无论在冷战时代，还是冷战思维仍然在一些具有影响力的国家中大行其道的当今时代，不仅"落后就会挨打"这个道理始终有效，还可以从更广义的层面来理解这个道理，并且可以找到很多的例证。历次世界性或区域性经济危机的经验证明，遭受冲击的大经济体，根本无法单纯依靠外部力量实现复苏，而对于小的经济体来说，即便获得援助或者救助，也不可避免要以牺牲部分主权和自主权为代价。2020年以来的新冠肺炎疫情大流行，更是暴露了没有自立自强为保障的全球化是多么脆弱。例如，富裕国家与贫穷国家在疫苗可得性方面的巨大差距；甚至作为发达国家和欧盟成员，一些国家在疫情来袭的"至暗时刻"，并不能指望盟友的"无私"帮助，陷入毫无招架之力的境地；产业链的不完整和对全球供应链的过度依赖，使得经济复苏无法自主进行。

其次，包括软实力在内的国家竞争力，是一个国家在国际事务中获得应有话语权的基础和底气。第二次世界大战后，在联合国宪章精神和组织框架基础上建立起的国际关系秩序，奠定了多边主义的基石，确定了当代国际关系的基本准则，发展了公认的国际法原则，为维护世界和平提供了规则。在世界银行、国际货币基金组织和世界贸易组织等布雷顿森林体系基础上建立的国际经济贸易体系，也发挥了推动经济全球化的积极作用。但是，现行的这个国际政治和经济制度，还远远谈不上各国可以在平等基础上实现共赢、杜绝霸权逻辑和秉持公平正义，主权、独立和领土完整和各国自主选择发展道路，也并非总是得到充分的尊重。因此，国家竞争力是获得应有的尊重、赢得必要的话语权，乃至推动规制和机制朝着更有利于发展中国家的方向改革的重要基础。

最后，国家竞争力是开放经济体维持发展的良性循环的必要条件。在全球化背景下，资源和要素是跨国流动的，无论主观意愿如何，都摆脱不了强者愈强、弱者愈弱的"马太效应"。这可以进一步分解为以下两种效应。一是"杜能效应"。根据杜能（Johann Heinrich von Thünen）的区位理论，世界经济和区域经济的基本格局是"中心—外围"的对立，即公共品供给充分、拥有优质资源和生产要素、享有集聚效应的"中心"国家或地区，事实上支配着在上述特征上处于不利地位的"外围"国家或地区（Giersch，1984）。显而易见，处于"外围"地位的含义就是国家竞争力的孱弱。二是"用脚投票效应"。秉持盈利原则和根据一个经济体的韧性程度，投资者从处于外围或劣势地位的国家，把资源和要素转移到处于中心或具有相对优势地位的国家。可见没有必要的国家竞争力，在这种资源重新配置过程中就只能是输家。构建起必要的国家竞争力，确保在国际分工中没有明显的短板，才能吸引到优质资源和要素，从经济全球化中获益。

各国为了增强国家竞争力，都需要在特定的时期和特定的发展阶段上，对重大挑战做出政策上或制度性的回应。这类挑战的内容和应对方式通常包括以下方面。一是针对主要的国际竞争对手或国内主要矛盾造成的对竞争力的威胁，找出自身的薄弱环节并予以充实和巩固。二是在国际政治经济的大对峙和大潮流中，找到最有利于保持和发挥自身竞争力的位置。三是因应国内外存在的对现行执政者合法性的最大挑战因素，包括从民意表达到阶级冲突等各方面，完善或重新构建社会契约的形式。四是根据制约经济社会可持续发展的瓶颈因素，以国家财力补齐明显的短板。

三　社会福利之争：理念和政策

把前述关于国家竞争力内涵和必然性的一般概括，放到现实世界的背景中来比照，我们可以做出这样的判断：在21世纪进入第三个十年的当今世界，特别是在国际金融危机之后的世界经济新常态下，以及新冠疫情大流行后的全球化新趋势背景下，各国保持和增强竞争力的一个关键领域，应该是社会福利体系的重塑或福利国家的重建。可以从理论和实践两个方面来认识这个判断。

从一般理论和各国实践来看，社会福利体系建设可以被概括为多种彼此区别又相互重叠的模式，分别遵循不尽相同的政治理念和演进逻辑。蒂特姆斯（Richard Titmuss）概括的剩余型社会福利模式和制度型社会福利模式，是两种最为基础并具有总体对立特征的模式，通常是研究的起点和争论的焦点（Titmuss，1974）。其中剩余型社会福利模式与新自由主义经济学理念相吻合，强调市场、个人、家庭和社会组织的作用，政府只需在最困难群体的社会救助和基本生活保障方面承担有限的责任。与之相比，制度型社会福利模式并不在于保障水平的差异，更主要是理念上的不同，认为作为一种再分配机制，社会福利保障在任何社会和任何发展阶段，都是政府应该履行的责任。

从研究问题的角度出发，我们可以把蒂特姆斯概括的类型划分作为社会福利建设广泛图谱的两个端点，这样，社会福利体系在理念上和实践中的跨国特征和历史演变，都可以嵌入两点之间的适当位置上。一般来说，社会福利体系或者福利国家的建设是一个不断演进的过程，保障的形式和水平均非一成不变，而是随着经济发展水平的提高，或多或少、或迟或早从有限保障的模式演变到更为全面和充分保障的模式。撇开一些众所周知的因素，我们这里强调两个常常被忽略的重要因素，即国家竞争的迫切需要以及人口变化提出的严峻挑战，并且以具有代表性的几个国家，即德国、英国、美国、瑞典作为案例予以说明。

之所以选择这四个国家作为我们的分析对象，理由是这些国家都可以被看作现代意义上的福利国家，共同或分别在起源、建立和改革等方面提供了具有典型意义的经验，因而具有可供借鉴或值得深入思考的成败启示。当然，我们并不打算全面考察这些国家的福利国家建设历程，而是尝试以非连续性的方式，选取若干具有里程碑意义的历史瞬间，以此说明福利国家建设与国家竞争力及应对人口挑战的因应关系。

17 世纪初英国制定了世界上第一部《济贫法》，19 世纪末德国在俾斯麦当政时代建立起社会保障体系，都被认为是福利国家建设的起源。这两个时期分别也是两国具有历史意义的国家建设阶段，分别表现为德国国家统一进程和英国拓展殖民地进程的高歌猛进，同时伴随着经济发展的显著成就。与此同时，两个国家也都面临着内外交织的尖锐矛盾。在应对重大挑战的各种抉择中，就包括了以社会福利的供给来缓解贫困及其导致的严重社会冲突，以便在确保国家稳定的前提下提升竞争力。例如，无论是英国解决资本主义发展特别是"圈地运动"中的贫困和流民现象，还是俾斯麦在严酷的政治斗争中寻求制衡力量，总之是为了政权巩固和国家建设的需要，均选择采取了缓解阶级冲突的措施，其结果就是两个国家先后成为社会保障制度的开启者。

在英国建立和完善社会保障的过程中，始终伴随着关于人口问题的激烈争论以及相关政策倾向上的对立，也成为经济史和经济学说史的著名公案。例如，众所周知的马尔萨斯人口理论，在一定意义上，可以说正是为了批评英国的《济贫法》而生。在马尔萨斯看来，人口增长的速度快于生活资料是一种自然规律，过度的人口增长必然成为贫困的根源，因此，哪怕只是杯水车薪的社会救助，哪怕仅仅产生极其微小的鼓励生育的效果，也都被其认为是错误的政策选择。正是受马尔萨斯人口理论的影响，英国的《济贫法》及其实施还一度出现倒退的现象。

在第二次世界大战后，英国和美国通过国家进行的顶层设计，即分别通过实施"贝弗里奇计划"和"罗斯福新政"，一揽子建成了完整的社会福利体系，成为现代意义上的福利国家。而这两个福利国家的建成，也在内在逻辑上与应对的人口挑战密切相关。那个时代最具影响力的两位经济学家，即英国的凯恩斯（Keynes，1978）和美国的汉森（Hansen，2004），分别于1937年和1938年在各自的国家做了内容十分接近的演讲，指出两国人口增长出现停滞的趋势，预言如果不能通过提高社会福利水平和改善收入分配，以抵消人口停滞对投资和消费的抑制作用，经济增长将产生灾难性的后果。[1]

有意思的是，虽然凯恩斯和汉森两人在各自的国家中均为影响最大的经济学家和地位崇高的政府顾问，各自的演讲在时间上距两国社会福利体系的全面建立已近在咫尺，却都未能对这个前景做出准确的判断。不过，实际政策结果可以使他们感到欣慰，因为正是由于战后

[1] 分别参见John Maynard Keynes, Some Economic Consequences of a Declining Population, *Population and Development Review*, Vol. 4, No. 3, 1978, pp. 517-523; Alvin Hansen, On Economic Progress and Declining Population Growth, *Population and Development Review*, Vol. 30, No. 2, 2004, pp. 329-342。

两国完成了福利国家建设，进而通过中产阶级的持续壮大，保持和扩大了经济的增长潜力以及需求保障，使他们担心的经济增长长期停滞情景，至少在几十年的时间里没有出现。

瑞典既是福利国家建设的先驱之一，也是曾经饱受诟病的"从摇篮到坟墓"福利体系的典型，同时又以经历了深刻改革后表现出的制度韧性，重新显示了其所代表的北欧模式的优越性。瑞典在20世纪90年代开始进行的经济改革，包括旨在强化"创造性破坏"的劳动力市场改革、产品市场改革以及税收改革等，显著降低了企业的进入障碍，对劳动生产率的提高产生了积极的效应（Heyman et al., 2015）。在北欧福利国家模式的形成中，瑞典经济学家缪尔达尔在理论上和实践上都厥功至伟，同时，他的影响力也以广泛性和长远性著称，对诸多国家当年的政策选择产生影响，也为后来的瑞典福利模式改革提供了思想遗产。

从缪尔达尔的相关论述中，也可以看到福利国家建设中的两个关键因素。第一是国家竞争力与福利国家建设的内在联系。他在评论20世纪50年代末和60年代初美国经济时，把美国国家竞争力乃至世界领导地位之衰落，归咎于国内存在的高失业率、机会不均等和收入差距过大等现象，换句话说，问题出在社会福利体系的不完善上面。[1]第二是人口因素在福利国家建设中的影响。更早的时候，即在20世纪30年代，缪尔达尔夫妇便通过著述和演讲，对人口增长速度减慢

---

[1]　参见陈素甜《经济学界的史怀哲——米达尔》，允晨文化实业股份有限公司，1982年，第三章"福利国家"第五节"美国福利国家发展概况"；William J. Barber, *Gunnar Myrdal: An Intellectual Biography*, Palgrave Macmillan, 2008, Chapter 10。

或总量减少可能导致的后果提出了警示，在主张家庭自主生育权利的同时，倡导通过制度建设把生育和养育的负担，从作为家庭责任转变为体现共济性的社会福利体系上面，借此鼓励人们结婚和生育（吉川洋，2020）。缪尔达尔这一思想的传播以及据此提出的政策建议，不仅为瑞典社会福利体系建设擘画了蓝图，也对其他国家的政策产生了深刻的影响。

四　疫情大流行与社会福利回归

要理解为什么重建社会福利体系日益成为国家竞争力的制高点，应该从世界面临的大变局以及世界经济的新常态大背景出发。世界正在经历的百年未有之大变局，最突出的特点是国际政治多极化和世界经济多元化，在这个"东升西降"的过程中，中国日益走近世界舞台的中央。也就是说，中国在国际关系中以及在地缘政治上，已经不可避免地成为大国竞争的重要一方，必须应对各种复杂严峻的外部挑战。随着人口老龄化成为全球性现象，以低通货膨胀率、低长期利率和低经济增长率为特点的长期停滞，日益成为世界经济新常态（Summers，2016）。新冠疫情在全球的大流行，进一步阻碍了经济全球化潮流，正在改变国际经济循环格局和全球产业链布局。

无论是对中国来说，还是对世界其他主要经济体而言，国际政治和世界经济格局都提出三个逻辑上紧密相连的任务。其一，提高作为大国博弈基础保障的国家竞争力迫在眉睫。其二，鉴于国内需求特别是居民消费日益成为经济增长的制约因素，运用多种举措扩大消费是当务之急。其三，扩大消费必须提高居民收入和基本公共服务水平。虽然各国的政策走向并非全然一致，具体的政策措施更是各说各话，但是，一些政策动向已经在内涵和外延上显现出相同或相似性。这都表明社会福利体系的重建，正成为各国竞相争夺的制高点。除了欧美在应对新冠疫情时前所未有地加大了支出力度之外，扩大以家庭为对象的常规公共支出的福利意图也越来越明显。按照现行趋势预测，2026 年在所有主要发达经济体，政府支出占 GDP 比重都将大于 2006 年的水平（Leaders，2021）。

　　例如，在美国，拜登政府上台以来一直执着于推动诸如"重建更好未来"这样的法案，除了基础设施投资之外，特别强调在育儿、教育、家庭收入等方面的支持，旨在改善收入分配和重建中产阶级、以消费扩张引导投资需求增长，进而打破经济长期停滞的僵局。在日本，鉴于"安倍经济学"未能扭转经济增长的颓势，岸田政府从上台伊始便计划从教育、住房、收入分配等领域着手，推动其"重建中产阶级"的"新型资本主义"战略。英国政府也推动扩大政府支出，实施包括社区建设和改善健康等内容的"升级计划"。为了应对气候变化、不平等、老龄化等挑战，欧盟着眼于改革财政支出规则，推动实施包括绿色新政、数字转型和加强卫生医疗体系的建设等内容的"欧盟下一代"复兴计划。在应对新冠肺炎疫情大流行的过程中，欧洲各国重新拥抱社会市场经济，相继采取了很多此前难以想象的公共扶助政策。此外，在包括拉丁美洲国家在内的其他地区，无论是在位的政府还是争夺权力的政治家，纷纷对更加公平的社会福利供给做出承诺。

五　促进共同富裕进程中的制高点

中国已经进入全面建设社会主义现代化国家的新发展阶段，要不断推进实现新发展目标。相应地，中国的发展也将面临崭新的挑战。应对挑战必须在深化改革和扩大开放的同时，一方面，构建"双循环"新发展格局，不断提升国家显示性竞争力，在国际经贸体系中实现更高水平的自立自强；另一方面，围绕建设中国特色福利国家，在发展中保障和改善民生，加快提升国家基础性竞争力，不断推动实现全体人民共同富裕。社会福利的竞赛并不意味着竞相提高福利支出水平。对中国来说，仍然要遵循尽力而为和量力而行的原则，着眼于达到社会福利水平与发展阶段之间的适应程度、公平与效率之间的统一程度、短期管用和长期可持续性之间的平衡程度。由此出发，针对中国发展面临的崭新挑战，我们需要从以下层面把握占领社会福利竞赛制高点的要求和路径。

首先，社会福利的竞赛标志着再分配力度的显著增大，但并不意味着仅仅围绕分配进行零和博弈。加快福利国家建设的必要性和紧迫性，既符合一般规律的要求，也因应中国面临的特殊挑战。跨国数据显示，人均 GDP 从 10000 美元提高到 25000 美元的这个发展阶段，是国家的社会支出大幅度增长的区间，这一支出占 GDP 比重平均从 26% 提高到 37%。[1] 从人均 GDP 的增长目标看，今后 15 年中国恰好处于这个社会福利水平显著提高的发展阶段。第七次全国人口普查数

---

[1]　作者根据世界银行数据库的数据归纳和计算。参见 https://data.worldbank.org/。

据显示，2020 年中国老龄化率（65 岁及以上人口占比）已达 13.5%，按照近年的老龄化速度，2021 年中国应该已经进入"老龄社会"（aged society）。按照相同的趋势判断，也可以预计中国人口将在 2025 年之前达到峰值。克服人口因素不利于扩大消费需求进而制约经济增长的效应，对显著提高社会福利水平提出了紧迫需求。

其次，社会福利水平提高可以确保经济在合理速度区间增长，创造真金白银的改革红利。由于通过再分配提高社会福利水平是为了解决现实的增长制约，因而这项建设事业不仅是有回报的，而且具有报酬递增的性质（蔡昉，2021）。在考虑政府债务率或者公共支出负担率的可持续性时，传统的思路常常把缩小分子即减少支出作为摆脱难题的出路。从前述一般规律和特殊挑战来看，中国提高社会福利水平的改革红利在于分母效应，即通过扩大经济总量和税源使支出更加可持续。[1] 换句话说，分好蛋糕是做大蛋糕的必要前提，通过福利国家建设明显改善基本公共服务水平和均等化程度，可以打破经济增长的需求制约，实现合理增长速度进而达到扩大 GDP 总量的效果。

再次，通过顶层设计可以以制度安排的方式保障社会福利支出可持续，保证尽力而为和量力而行的统一。中国特色福利国家建设，应该在初次分配、再分配和第三次分配协调配套的制度安排下，着眼于形成一个能够使资源和财政潜力得到充分利用的社会福利支出恒等式。根据一般规律和特殊挑战，在保基本的前提下确立社会福利支出

---

[1]　参见 Joseph Stiglitz, Europe Should Not Return to Pre-pandemic Fiscal Rules, *Financial Times*, 23 September 2021。从斯蒂格里茨的本意来看，本文前述美国战后福利国家建设产生的促进经济增长效果，无疑就是一种成功的分母效应。

清单，并明确各级政府和社会组织的保障责任，同时也创造条件以最大化发挥社区和企业的作用。

根据一般经验和中国的现实情况，从两个方面着眼挖掘社会福利供给水平的潜力尤为重要。一方面，要把社会福利水平提高产生的 GDP 增长效果，即分母效应充分考虑到恒等式中，避免产生低估社会福利支出必要水平和可持续能力的倾向。另一方面，从初次分配和第三次分配领域挖掘社会福利供给潜力，特别是在发挥企业"科技向善"作用的框架下，创造必要的制度环境，激励企业把社会效益和职工福利纳入发展函数，利用人工智能和大数据技术，改善劳动者工作待遇和条件，在有效降低交易费用的基础上，挖掘社会福利供给潜力。

最后，福利国家建设并不限于再分配领域的政策举措，在初次分配和第三次分配领域也可以大有作为。在比较欧洲和美国收入分配状况差异时，有研究发现，欧洲之所以相比美国具有较小的收入差距，并不在于欧洲国家的再分配力度更大，而在于这些国家在初次分配领域普遍具有更有利于缩小收入差距的政策和制度安排。也就是说，早在利用税收和转移支付等手段进行再分配之前，欧洲的收入差距就已经显著低于美国了（Blanchet et al., 2020）。实际上，在这里提到的初次分配领域的政策和制度安排中，很多都是社会福利体系的组成部分。也就是说，福利国家建设是全社会的财务和道义责任，不应该成为国家独自承受的财政负担。

为了推进这种具有社会市场经济理念的政策，西方学者和媒体甚至创造出"事前分配"（pre-distribution）这样的概念，用以同再分配

（redistribution）相对应使用。在一些国家特别是在地方政府层面，也进行了诸多与此相关的试验。例如，美国加利福尼亚州进行了一些实验项目，旨在使政府或普通市民成为盈利科技企业的所有者，以便汲取可用于社会支出的基金（Foroohar，2021）。在中国，具有提高社会福利效果的政策和制度安排，大量存在于初次分配甚至第三次分配领域。例如，通过劳动立法、执法和守法，让包括最低工资、集体协商、劳动合同等在内的各项劳动力市场制度在工资和待遇决定中发挥更大的筹码作用，不仅有力地保护了劳动者的权益，也可以显著提高职工福利；营造各种市场主体依法平等使用资源和生产要素、公开公平公正参与竞争、同等受到法律保护的市场环境，有助于消除所有制歧视、规模歧视和不公平竞争，减少由此导致的收入和待遇差距扩大现象；划拨国有资产股份用于充实社会养老保险基金，有助于提高养老的社会资源可持续性，具有更为明显的社会福利效应；等等。

参考文献

保罗·克鲁格曼，2010，《兜售繁荣》，刘波译，中信出版社。

蔡昉，2021，《三个分配领域的改革红利》，《劳动经济研究》第 6 期。

丹尼尔·耶金、约瑟夫·斯坦尼斯罗，2000，《制高点：重建现代世界的政府与市场之争》，段宏等译，外文出版社。

吉川洋，2020，《人口与日本经济》，殷国梁、陈伊人、王贝贝译，九州出版社。

吉姆·克利夫顿，2012，《就业战争迫在眉睫》，王权、王正林、肖静译，中国青年出版社。

马尔萨斯，2007，《人口原理》，丁伟译，敦煌文艺出版社。

迈克尔·波特，2002，《国家竞争优势》，李明轩、邱如美译，华夏出版社。

Blanchet, Thomas, Lucas Chancel, and Amory Gethin, 2020," Why Is Europe More Equal Than the United States?" *WID.world Working Paper*, No. 2020/19 .

Campbell, Kurt M. and Sullivan, Jake, 2019, "Competition Without Catastrophe: How America Can Both Challenge and Coexist with China?" *Foreign Affairs*, Vol. 98, No. 5 .

Giersch, Herbert, 1984, "The Age of Schumpeter", *The American Economic Review*, Vol. 74, No. 2, Papers and Proceedings of the Ninety-Sixth Annual Meeting of the American Economic Association, pp. 103-109.

Foroohar, Rana, 2021, "People's Capital Is an Idea Whose Time Has Come", *Financial Times*, 21 June.

Hansen, Alvin, 2004, "On Economic Progress and Declining Population Growth", *Population and Development Review*, Vol. 30, No. 2, pp. 329-342.

Heyman, Fredrik, Pehr-Johan Norbäck and Lars Persson, 2015, "The Turnaround of Swedish Industry: Reforms, Firm Diversity and Job and Productivity Dynamics", *IFN Working Paper*, No. 1079, Research Institute of Industrial Economics.

Keynes, John M., 1978, "Some Economic Consequences of a Declining Population", *Population and Development Review*, Vol. 4, No. 3, pp. 517-523.

Leaders, 2021, "The Triumph of Big Government", *The Economist*, November 20th-26th, pp. 15-16.

Summers, Lawrence H., 2016, "The Age of Secular Stagnation: What It Is and What to Do About It", *Foreign Affairs*, Vol. 95, No. 2, pp. 2-9.

Titmuss, Richard, 1974, *Social Policy: An Introduction*, London: Allen and Unwin.

第八章

谦虚使人类进步：从《人类发展报告》看发展理念变化

总体来说，人类习惯于对自身取得的成就盲目乐观，或者表现出对物质财富增长的沾沾自喜，而不顾南北之间、国家之间、地区之间和人群之间存在的巨大差距；或者秉持着人定胜天的信念与自负，而不顾资源环境、气候变化和生物多样性等危机的日益逼近。不过，如果说人类在评价自身成就的态度上确乎发生某种转变的话，或者说从某一时间点之后，人类对于自身行为表现出更多的反思和顾忌，1990年《人类发展报告》（HDR）以及人类发展指数（HDI）排名榜的发布，可以被看作是这样一个转折点。阿玛蒂亚·森（Amartya Sen）认为，本可治愈的诸多苦难和贫困在现实中顽固地存在，原因在于我们缺乏对现象本质的理解。而这个报告系列就充当了一种与无知做斗争的手段，也成为该项目之父马赫布卜·乌尔·哈克（Mahbub ul Haq）一生与无知、偏执、宗派和社会仇视做斗争的智慧结晶（Sen, 1999）。

在新冠疫情大流行和地缘政治严重冲突等一系列不安全因素加剧之际，联合国开发计划署（UNDP）团队发布了《人类发展报告2021/2022》，并以"不确定的时代，不安定的生活：在转变着的世界里重塑我们的未来"为题。最新报告的发表，以及该报告系列届"三十而立"（启动至今 32 年，共撰写发布 29 本旗舰报告），为我们提供了一个机会，回顾一下围绕该系列报告发生的关于发展的思想基础、思维方式和行动取向的变革。数十年如一日持续推出的人类发展报告系列，虽不能说涵盖了人们对于发展认识的全方位进步，仍然足以被看作是实践、研究和理念不断推陈出新的缩影。特别是，中国成为该报告始创和人类发展指数发布以来，从"低人类发展水平"起步，跨越了"中等人类发展水平"，进入"高人类发展水平"的唯一案例，所以，开启一趟智慧之旅，也有助于我们从理论和实践角度认识中国究竟做对了什么。

一　关于《人类发展报告》的人和事

《人类发展报告》的诞生和演变，与哈克和森这两个伟大的名字分不开。二人都出生于南亚次大陆，1953 年 10 月初在剑桥大学校园第一次碰面，以本科同学和朋友的身份相处数年之后，他们的职业生涯一度分道扬镳。哈克虽然不乏深刻思想和学术著述，却始终在政府和国际组织从事行政事务，甚至身居高位；而森则从未离开大学校园和学术殿堂，并于 1998 年获得诺贝尔经济学奖。不过，由于两个人在关于发展的思想上心有灵犀，并且追寻相同的目标，多年之后在人类发展这个事业上注定再次携手，以人类发展报告和人类发展指数的形式，给我们留下了宝贵的智识遗产。

当人们说"时势造英雄"的时候，从根本上，他们想说的是制度需求（时势）至关重要。对于制度变迁的发生来说，制度的需求与供给相当于剪刀之两刃缺一不可。如果说制度需求来自大众的话，其强烈程度取决于多少张嘴在谈论和呐喊，多少双脚在投票，即赫希曼（2015）所谓的"呼吁"（voice）和"退出"（exit），制度供给者往往只是少数人，如一个政党、一个政府或者一个团体，其中，个人常常可以发挥独一无二的作用。从这个意义上讲，1988 年时任巴基斯坦财政部长的哈克，由于没有出现在那架本来计划搭乘的齐亚·哈克总统专机上而幸免于一起空难，无疑在以下意义上改变了历史，即正是离开巴基斯坦政府到 UNDP 任职，哈克一手启动和推动了人类发展项目，创造了延续至今的人类发展报告和人类发展指数。

哈克成为人类发展报告（指数）之父也并非偶然。除了在巴基斯坦、英国和美国受过良好经济学训练，而且著述颇丰之外，在受邀加入 UNDP 之前，他已数度在巴基斯坦政府担任要职，也有在世界银行任职发展事务的经历。政学两界的背景使他具备推动人类发展项目获得成功必备的领导素质：既有深邃的思想和超凡的组织能力，又能识别和团结学术界人才，且擅长与其他利益相关方巧妙周旋。而最难得且成为人类发展项目得以成功实施决定性因素的，是哈克生活中的一些独有经历。这些经历中涉及的人物和事件以及各种机缘巧合的因素，最终使其以特有的"天赋和个性"，展示"勇气和创造力"，并且转化为具有"启迪性和说服力"的工作成效（Sen, 1999）。其中值

145

得提及的有两件，一件涉及事，一件则有关人。

20 世纪 60 年代，是哈克作为国家五年计划的重要设计者，第一次在巴基斯坦政府工作的时期。印巴分治后的巴基斯坦是世界上最贫穷的国家之一，整个 50 年代的增长表现也乏善可陈。然而，在哈克直接参与的第二个五年计划期间（1960~1965 年），巴基斯坦的 GDP 增长率逆袭而上，根据世界银行的历史数据，这期间巴基斯坦的经济增长速度是世界平均水平的 1.4 倍、发展中国家平均水平的 1.6 倍，一时间被称为"卡拉奇经济奇迹"。不过，哈克并没有以巴基斯坦的马哈拉诺比斯（Prasantha Chandra Ma-halanobis）自居[1]，没有像包括美国顾问在内的其他局内人那样沾沾自喜，反而在 1968 年 4 月的一个会议上，出人意料地对这个增长"成绩"进行批评，揭示被 GDP 增长数字掩盖的问题，包括地区发展不平衡、医院和学校建设被忽视、工资停滞、过度依靠援助，以及少数家族控制经济、遏制竞争和聚敛财富等现象（马苏德，2016，第 4 章）。即便不能认为关于人类发展的思想在那时就已经在酝酿，至少可以说，哈克对于探寻发展真相的态度是真诚的，此后他成为人类发展项目之父也是情理之中的事。

根据森的回忆，他们对 GDP 这个粗鄙指标的诟病，以及采取新指标予以替代的设想，早在剑桥读本科时代就已经开始了，为此两人还常常一起翘课，海阔天空地进行讨论。几十年之后，哈克在新成立的 UNDP 确立了自己的身份和任务，并且进行了必要的背景研究之后，于 1989 年的夏天急切地召唤自己的老朋友，以便携手把学生时代的

---

[1] 作为著名统计学家，马哈拉诺比斯曾经主持印度的第二个五年计划，提出以其命名的经济增长模型，帮助尼赫鲁总理实施了重工业优先发展的战略。

梦想变成现实——构造一个替代 GDP 的发展指标。虽然这位坚守学术殿堂并且在数年之后便获得诺贝尔经济学奖的老朋友，并没有像哈克希望的那样，心无旁骛地投身其中，但森确实答应以顾问团队成员的身份，参与人类发展项目。更重要的是，这两位老同学有机会回到几十年前的话题，进行频繁的讨论。虽然经常存在分歧，但最终创造出青史留名的智慧结晶——人类发展报告和人类发展指数。

二　把思想转化为量化指标

哈克热切地邀约森加盟自己的项目，并非只是对两人共享的学生时代的一种怀旧。实际上，当时哈克已经拟定出把森的福利经济学和社会选择理论分析框架应用于构造人类发展指数的设想（Sen, 2020, xi），而森的思想是从亚里士多德以来对人类福祉的认识不断深化的最新经济学成果。在思想史的长河中，该领域必须提到的人名和学派不胜枚举。如果把列举的范围做两点限制，即第一，仅包括 18 世纪功利主义哲学诞生以后的新进展，以及第二，与人类发展报告更为相关的思想，至少需要提及的则有边沁、穆勒、庇古、马歇尔、帕累托等学说史上著名的人物，以及包括努斯鲍姆、罗尔斯和森等更为晚近和当代的思想家（Stanton, 2007）。

森关于发展的思想可以被概括为"行为能力"方法（"capacities" approach）。虽然关于社会福利理论的"人文主义革命"滥觞于约翰·罗尔斯（John Rawls），森和另一位享有旗手声誉的玛莎·努斯鲍姆（Martha Nussbaum）也遵循了罗尔斯的哲学思想，但是，"行为能力"方法比罗尔斯走得更远,彻底摒弃了"效用"以及罗尔斯与之藕断丝连的"社会基本品"(social primary goods)概念。在森这里,与发展相关的人类福祉问题,不再是关注人们拥有什么,而是关注人们能够做什么,从而把可以用金钱表达的手段同用福祉与自由所表达的目的做出革命性的区分。至于诸多支配经济学家的主流理念,自然更不在话下,包括把人类福祉仅限于"有用物品"的新古典经济学定义域、"把福利经济学锁到一个狭小的盒子里"的边际主义学派,甚至涓流经济学的理论基础,在森的理论框架中要么被摒弃,要么受到批判(Stanton, 2007)。虽然森一直拒绝为自己所关注的"行为能力"或"功能"列出一个清单,努斯鲍姆却不厌其烦地列举过这些行为能力的内容,其中包括生命、健康、身体完整、感官、想象力、思维力、情感、实践理性、归属关系、与其他物种的关系、玩耍和控制自身所处环境等方面(Stanton, 2007, pp. 9-10)。

森的思想革命在1999年出版的《以自由看待发展》一书中得到充分的阐述(Sen, 2000)。他实质性地丰富了发展的内涵,从而也拓展了发展的外延。在他看来,发展是拓展人们享有真实自由的过程。而这里的"自由"也不是抽象意义上的,而是实质性的,指人们有理由珍视的那种生活的行为能力,由此可见,他认为人的全面发展的要求无法仅以物质方面的指标做出表达。从目的、手段和承诺这个三位一体的框架,我们可以较为透彻地理解森的以自由看待发展的思想。第一,自由作为发展的首要目的,是一个建构性、无须实证检验,从而先验地独立存在的命题。直接关注个人自由、基于行为能力的分析框架,既包容了其他方法的优点,如功利主义对人类福祉的关注、自由至上主义对选择过程自由行动的迷恋、罗尔斯理论对个人自由和实质性自由所需资源的重视，还有着更广泛的信息基础和合理性（Sen，2000, p. 86）。第二，自由作为促进发展不可或缺的手段，是一个工具性或实证性的命题，可以分别由自由促进发展和抑制自由阻碍发展的事实予以检验。正如森所指出的，政治自由、经济条件、社会机会、公开性和社会保护等权利和机会类型，都能够单独和共同促进人的一般行为能力（Sen，2000, p. 10）。第三，人的行为能力取决于国家和社会的承诺及其做出的制度安排。以社会扶助的方式扩大自由，既是应有的社会承诺，也是对个人责任的坚持。

从森的思想也可以看到一个与哈克的设想相抵牾之处，即他本意上反对以一个单一、粗略的指标（如 HDI）代替另一个被批评为具有同样特征的指标（GDP）。他对功利主义的批评，就在于指出后者执迷于把人类福祉所拥有的既迥然不同也不可公度的诸因素，用一个单一的单位来度量。他在《生活质量》一书中也阐释了自己对福祉的多元化理解（Sen，1987, p. 1）。不出所料，森同哈克就要不要编制一个人类发展指数发生过激烈的争论。作为一个具有丰富政府工作经验的新理念倡导者，哈克并非反对关于社会福祉的多元化认识，而是深知只有一个像 GDP 般粗略的指标，才可能被采纳并流行起来，最大限度地获得与后者相仿的接受度。从这个意义上，如果说森更像以赛亚·伯林意义上胸怀多重目标的狐狸的话，哈克则更像一只执着于单一目标的刺猬[1]，两个人的互补性组合最终达到一个完美效果。这是因为，

---

[1] 传说古希腊诗人阿尔基洛科斯有一句不完整的诗：狐狸多知，而刺猬有一大知。很多学者借这个比喻，形容多元思维和单一目标思维的差异。参见加迪斯（2019）。

一方面，森毕竟希望能够建立恰当的评价框架以及机构和制度，以便推进形成更加美好和乐于接受的社会；另一方面，哈克不仅借助人类发展指数传播了森的思想，还将该指标成功地变成一个或多或少引领各国政府的"指挥棒"，使森关于"增进人的行为能力和实质自由的公共政策"意愿得到有力的推进。

三　HDR 的核心理念和开放性框架

在建构性和工具性相统一的意义上，一方面，森给予贫困、饥荒、健康和人力资本更多的关注，这与 HDI 的核心构成相一致，也可以解释他何以最终接受了编制这一指数的做法；另一方面，森与此前的诸多思想家一样，认为发展是扩大"人类选择范围"的过程，这也体现在 HDR 编写的开放性上面。UNDP 从一开始编制 HDI，就确定了该指数由三个核心成分构成，分别是按购买力平价计算的人均 GDP、以人均预期寿命代表的健康水平，以及以成人识字率和入学率（后改为以预期受教育年限和平均受教育年限）表达的教育水平。与仅仅考量人均 GDP 反映的"做大蛋糕"效果相比，把健康和教育纳入指数构成，不仅拓展了衡量发展的范围，相对而言也能揭示"分好蛋糕"效果。毕竟，人均收入的提高与极少数人的极度富裕可以相容，而健康和教育水平的提高，却不可能仅靠少数人的改善达到。有趣的是，1990 年第一份报告甫一发布，人们便意外地发现，因其健康和教育水平与经济实力不相匹配，人均 GDP 世界排名第一的美国在 HDI 上排名竟低至第 19 位，这不啻为对这个"头号强国"的傲慢和自负的巨大嘲讽。

在 HDI 的核心构成及计算理念得以延续的同时，HDR 也形成了不断拓展所关注的发展内涵的开放框架，能够与时俱进地捕捉最新的发展挑战，反映理念和实践的创新。该项目以多种方式拓宽了自身的视野，开辟了学术与政策研究的新疆域。在 HDI 之外，配合每份报告特别选定的主题，结合发展理论的最新进步，正文和附录中不断增加新的指标，以反映人的全面发展的新理念、新进展和新挑战。例如，在历年的旗舰报告中，贫困、就业、流动性、收入差距、性别平等、经济危机、技术变化、全球化、气候变化、人类世（Anthropocene）和疫情大流行等主题，都得到深入的探讨。在 HDR 旗舰报告之外，UNDP 团队还撰写和发表专题报告、工作论文，以及合作撰写国别和区域 HDR 等，并帮助一些国家建立起反映人类发展全貌的卫星账户。

哈克在其生命的最后几年里甚至最后一刻，关注最多的是人类安全问题，直接促使 1994 年的 HDR 以"人类安全的新维度"为主题，提出从可持续的人类发展范式出发，重塑全球制度体系，关注人的安全而非领土安全，推进发展而遏止冲突，以便兑现潜在的和平红利。人类安全的考量，自然是 UNDP 团队的人类发展方法或森的行为能力方法的题中应有之义。从已有的框架出发，人类发展先是衍生出人类贫困的概念，进而衍生出人类安全的概念，均是理论内在逻辑使然。从 HDR 的最新出版物来看，人类安全这个概念保持着不断丰富自身的与时俱进的特质。

正如联合国副秘书长、联合国开发计划署署长阿奇姆·施泰纳在《人类发展报告 2021/2022》的序言中指出，继 2019 年关注不平等的报告和 2020 年讨论人类世风险的报告，刚刚发布的最新 HDR 以不确定时代和不稳定生活为主题，可以被看作是人类安全三部曲的终章。报告针对的是世界面临的共同安全挑战：新冠疫情蔓延不止、各种冲突和危机层出不穷，造成人类的巨大痛苦，同时气候和生态灾难威胁着世界的日常生活。需要认识的是，我们正在遭遇的冲击不是一次性的，不确定性和不稳定状态已经成为一种新常态，需要回归到人类发展的本心，从更宽广的视野认识这个时代，采用更可持续的政策应对世界性的挑战。而要做到这一点，特别是能够真正认识到风险，把理念转化为各国的政策并付诸行动，要求进一步克服单个国家在处理与世界之间关系中的无知、傲慢及由此产生的唯我独尊思维。

参考文献

阿马蒂亚·森，2002，《以自由看待发展》，任赜、于真译，中国人民大学出版社。

艾伯特·O. 赫希曼，2015，《退出、呼吁与忠诚：对企业、组织和国家衰退的回应》，卢昌崇译，格致出版社。

伊桑·马苏德，2016，《GDP 简史：从国家奖牌榜到众矢之的》，钱峰译，人民东方出版传媒、东方出版社。

约翰·刘易斯·加迪斯，2019，《论大战略》，臧博、崔传刚译，中信出版集团。

Sen, Amartya, 1987, *The Standard of Living*, Cambridge, UK: Cambridge University Press.

Sen, Amartya, 1999, Mahbub ul Haq: "The Courage and Creativity of His Ideas", *Journal of Asian Economics*, 10: pp. 1-6.

Sen, Amartya, 2000, *Development as Freedom*, New York: Alfred A. Knopf.

Sen, Amartya, 2020, "Human development and Mahbub ul Haq, in the United Nations Development Programme", *Human Development Report 2020: The Next Frontier – Human Development and the Anthropocene*, UNDP, 1 UN Plaza, New York, NY 10017 USA.

Stanton, Elizabeth A., 2007, "The Human Development Index: A History", *PERI Working Paper Series*, No. 127 (February), Political Economy Research Institute, University of Massachusetts-Amherst.

The United Nations Development Programme, 2022, *Human Development Report 2021/22: Uncertain Times, Unsettled Lives: Shaping our Future in a World in Transformation*, UNDP, 1 UN Plaza, New York, NY 10017 USA.

下篇 | **以社会流动提高生育率**

第九章

社会流动性如何影响生育率?

在极低生育率条件下，认为生育率随着经济社会发展而下降的传统理论，几乎无法为旨在提高生育率的政策提供任何依据和指导，现实中鼓励生育的政策措施也显现出碎片化倾向。根据国际经验，理论上存在着一个与更替水平相同的普世生育率，相应地，也存在着从高和低两个方面朝这个水平趋同的一般现象。进一步，当我们把历史与现实存在的妨碍生育率回归的因素，归结为社会流动性羸弱的问题，提高生育意愿的政策建议就可以更具针对性。本章将在简述生育率理论演变的同时，揭示该理论存在的局限性。

基于从统计上对生育率的跨国比较，同时结合联合国生育意愿调查得出的结论，本章假设存在着一个相当于更替生育水平的"普世的生育率"，并由此推论出一个生育率变动的"趋中律"：各国的生育率分别从上方和下方，向普世的生育水平趋同。进一步，本章将论证社会流动性对生育率的显著影响，揭示缺乏社会流动性是抑制生育意愿

的现实因素。在超越却不脱离 GDP 的前提下，我们将更加侧重于把
HDI（人类发展指数）作为 GDP 的替代指标，探讨人类发展或社会流
动性与生育率的理论关系。在结合中国的现实，从实证角度讨论社会
流动性的影响因素和变化趋势，以及社会流动性对生育意愿的影响基
础上，本章着眼于增强社会流动性和提高生育意愿，揭示本研究的政
策含义并提出建议。

一　关于生育率的理论解释及其局限

在人口研究领域的绝大多数学者之间，已经形成了这样的共识，
即生育率下降是经济社会发展的结果。长期以来，主要在人口学、经
济学和社会性领域，相关文献也把一般性表述的经济社会发展体现在
一些具体的因素或变量上，用以解释生育率的下降，迄今已经积累了
大量的经验性研究成果。不过，如果只是平铺直叙地回顾相关文献，
不仅会遇到汗牛充栋从而挂一漏万的难题，往往也导致逻辑上的不完
整。因此，下面我们尝试在一个逻辑简洁且有力的框架下，对生育率
下降理论做一个高度概括的综述。

在这方面，最基础性的理论框架是人口学家提出并逐步完善的
"人口转变理论"。该理论揭示了随着经济社会发展水平提高，生育率
趋于下降的原理和机制，指出人口转变经历的三个阶段，即从"高出
生率、高死亡率、低增长率"组合的早期阶段，经由"高出生率、低
死亡率、高增长率"组合的过渡阶段，进入"低出生率、低死亡率、
低增长率"组合的新的人口阶段（Caldwell, 1976）。这个具有历史纵

深感和宏大视野的理论假设,在世界以及各国人口转变的历史中,以生育率下降为表现,反复获得了检验。

至于经济学家,在这个领域的经典贡献可以概括为"孩子效用论",即把孩子及其数量视为对父母具有实际效用的物品,因此可以从家庭微观决策着眼,解释人们的生育意愿及其变化。加里·贝克尔可以说是这一理论框架的集大成者、现代形态的奠基者和代表性人物。在这个框架下,正如对于家庭耐用消费品一样,父母对孩子具有实际意义上的需求和情感上的依赖,并从中获得满足或产生效用(Becker, 1960; Barro & Becker, 1989)。在此基础上,诸多研究者都尝试找出影响生育行为的具体变量,并借此在包括中国在内的国家层面进行经验检验(Wu, 2017)。

依据这种分析框架,家庭的生育决策是在对孩子的收益和成本进行比较之后做出的。一方面,家庭从孩子身上预期获得的效用可以包括:孩子作为家庭劳动力,以就业收入供养家庭;把养育子女特别是男孩作为家庭养老的责任承担者;从养育和培育孩子中获得乐趣及成就感,并在老年从子女身上获得精神慰藉。另一方面,家庭在孩子身上也要付出不菲的成本,包括花费在生育、养育、教育(简称"三育")上面的直接支出,以及与父母特别是母亲的就业、家庭物质消费和娱乐支出、孩子数量与质量之间取舍权衡等机会成本。这些收益和成本的内容随时间而不断变化,在不同发展阶段迥然不同,因此,人们的生育观和生育意愿具有随发展阶段变化的特征。不过,研究者普遍接受的理论范式,对于生育率的下降具有更好的解释力;一旦低生育率成为普遍现象因而需要探讨提高生育率的因素时,传统范式便颇显捉襟见肘。

　　把家庭生育决策随时间变化的这种特征加总为宏观趋势，可以从跨国数据中看到，人均国内生产总值（GDP）与生育率之间具有显著的负相关关系，即从长期来看，随着人均收入的提高，生育率趋于降低（见图1）。因此，人均GDP常常被赋予影响生育率诸发展因素的代理指标功能。然而，这种传统关系范式仍然具有局限性，加之GDP本身存在的优势和缺陷，以人均GDP的提高解释生育率的变化，不仅在理论上缺乏自洽性，而且在统计上也是一个蹩脚的解释变量，也就是说，除了统计相关性和显著性之外，它不能告诉人们任何具有政策含义的信息。如下的分析将表明，过度依赖人均GDP解释力的关系范式，往往会把研究带入窘境，既难以增强对生育率变动背后的现实驱动力的认识，也无助于得出旨在提高生育意愿的政策结论。具体

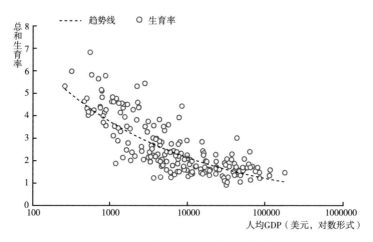

图1　人均 GDP 与生育率的跨国比较

资料来源：世界银行数据库，https://data.worldbank.org/。

来说，由此产生两个悖论。一是关于生育率变化的理论预期与政策目标经常处于对立状态。传统理论几乎无法为提高生育率的政策意图提供必要的指引。二是关于生育率下降的理论解释相对单一，促进生育的政策措施却颇显碎片化。因此，改变这一范式需要拓宽视野，找到一个比 GDP 的信息更充分、基础更宽广的概念。

首先，人均 GDP 对生育率的解释力只是单向的。GDP 增长总体上度量的是经济意义上的进步，因此，人均 GDP 提高与生育率下降之间具有显著的相关关系，并且可以在一定程度上对因果关系做出理论解释。与此同时，生育率从极低水平向更可持续水平的回升，则难以在同一个框架中得到解释和建议。瑞典经济学家冈纳·缪尔达尔对经济社会发展与生育率关系做出开创性分析，也最早触及这个关系中一个潜在的"悖论"。一方面，他着眼于探讨生育率回升到更可持续水平的途径，另一方面，他也特别强调不能以"非期望的生育"（undesired birth）弥补孩子的不足，不能以经济社会的倒退为代价达到提高生育率的目标（Myrdal, 1962, pp. 188-190）。

其次，GDP 的内涵及外延与生育率的关系并不对称。这个对国家每年生产的产品和服务增加值进行加总的指标，包括了对生育率回升产生不利影响的事物，例如，对环境的污染、对资源的过度开发、对生态的破坏等不可持续的经济活动，以及滥用药物、吸烟、酗酒等损害人力资本的支出行为；却未包括有利于提高生育率的事物，例如，它既不能直接和有效地度量诸如教育、健康、精神享受等与人的全面发展相关的结果，也无法反映收入差距和基本公共服务均等化等发展包容性的状况，特别是当"三育"、照料、护理等具有社会必要性的活动以家务劳动方式提供时，便被 GDP 的统计排除在外了。可见，GDP 从诞生伊始就面临的种种诟病（如伊桑·马苏德，2016），也同样适用于该指标对生育率的解释力。

最后，社会流动性有资格作为生育率变化的最基础性解释变量。社会流动性涉及的问题十分广泛，往往需要在诸多相关的语境中观察和研究（OECD, 2010）。首先，社会分层和社会群体类型划分，是社会流动问题产生的原因、认识的出发点和判断的基准点。其次，根据问题的产生原因、决定因素和度量方法等，从类型上可以区分为代内流动和代际流动、绝对流动和相对流动等。再次，从表现形态上，社会流动性涉及教育、健康、职业、收入、财富、性别、种族的差别。最后，不尽相同的经济社会背景和发展水平，导致不同时代和不同国家存在着社会流动性差异。例如，詹姆斯·赫克曼等（Heckman & Mosso, 2014）把关注的重点放在影响社会流动的技能形成上面，通过构建理论模型和集成经验证据指出，作为由认知、个性、偏好和健康等多维因素决定的行为能力，技能的形成并非一个技术层面的事物，而是与阿马蒂亚·森和玛莎·努斯鲍姆的"行为能力"方法（"capacities" approach）有着内在的联系（Stanton, 2007），因而从涵盖全生命周期的社会福利体系，以及由此带来的人类发展中获得保障。

迄今为止，尝试对 GDP 进行修正和补充的努力，获得较为广泛认可的是联合国开发计划署编制的人类发展指数（HDI）。该指标保留了人均 GDP 的内容，同时增加了体现健康和教育进步的指标构成，更加突出了社会公平正义的发展含义。与 GDP 相比，这个合成的指数不仅内涵更广泛，而且具有反映发展动态的特征，即在 HDI 中体现的人类发展水平，既是已经达到的阶段性目标，也是继续取得进步的可持续手段。无论是从超越人均 GDP 的人类发展内涵，还是从个人或家庭本位出发认识发展的动态性，我们都可以发现，HDI 反映的是一种社会流动性，同时，就其理论、现实和统计含义而言，也是一个能够对生育率做出最好解释的概念。

二　普世的生育率与不对称的"趋中律"

人口转变理论与孩子效用论相结合，为我们提供了一个认识生育率变化的有益框架。无论是理论分析得出的结论，还是时间序列数据反映的发展过程，或者跨国数据体现的国家之间差异，都揭示出随着经济社会发展水平的提高，生育率呈现出下降的一般趋势。从这个一般趋势似乎可以推论出，在不同的发展阶段上，以及具有不同收入水平的人群之间，期望的生育率应该是不一样的。例如，姚从容等（2010）对中国生育意愿的研究综述显示，分别处在不同发展阶段上的区域之间、城乡之间和人口群体之间，存在着生育动机和期望孩子数等方面的差异。从时间维度来研究也可以发现，一方面，生育意愿在不同的时期存在着差异性，另一方面，这些差异具有随时间而缩小的倾向。

然而，期望的孩子数或者说一般调查中得到的生育意愿，终究是在一定约束条件下的产物，也就是说，把家庭或个人面临的各种约束条件考虑在内，人们表达的期望孩子数，通常既非普世水平，也不是实际水平，而处在理想与现实的交接点。反过来说，如果能够排除各种客观的约束条件，则可以得到一个无条件的生育意愿，或者普世的生育率。联合国的人口意愿调查显示，在有着极高和极低生育率的国家和地区中间，两个孩子大体是人们的平均生育意愿。值得指出的是，这里所说的平均生育意愿，不应被看作处在截然不同发展阶段国家和地区之间差异巨大的生育意愿的平均值，而不妨将其设想为：随着发展阶段变化或约束条件放宽而逐渐调适形成的趋同态势。换句话说，即使一个国家的实际生育率在某一时点上与这个生育意愿并不一致，正常的发展趋势也倾向于促进这种生育意愿的形成（UNPD, 2019, p. 9）。

因此，2.1 这个更替水平生育率，同时也是普世的意愿生育率。这方面的经验证据可以说是相当充分的。例如，托马斯·索伯塔等总结了大量调查结果，表明在欧洲国家范围内，存在着家庭的理想生育率向更替水平趋同的现象。他们还在文献综述基础上，概括了两个孩子作为理想生育意愿的优越性，即保持性别平衡、防止娇生惯养、形成同伴效应、充当保险策略以及符合社会规范等（Sobotka & Beaujouan, 2014）。此外，我们把包括 194 个国家和地区的联合国统计的跨国数据，与这个普世生育率进行比较（见图 2），可以预期一种情形：生育率在更替水平之上的国家，其生育率将经历或快或慢的下降；生育率在更替水平之下的国家，其生育率存在提高的潜在可能性。或者说，世界各国和各地区的生育率，潜在地具有一种倾向——以更替水平或意愿水平为目标趋同，或称"趋中律"（regression to the mean）。[1] 生育率从

---

[1] 事实上，联合国对各国人口的中位预测（medium-variant projection）就是基于这种假设进行的。参见 UNPD (2019: 5)。

高水平向更替水平的降低，几乎是确定的趋势，现实中此类案例俯拾皆是；而从极低生育率回归更替水平的情形，尚不具有确定性，现实中此类案例也属凤毛麟角。因此，我们把这个趋同现象称为不对称的"趋中律"。撇开历史过程中的非常规干扰，消除现实中的意外扭曲，生育率的变化通常遵循这个"趋中"轨迹。

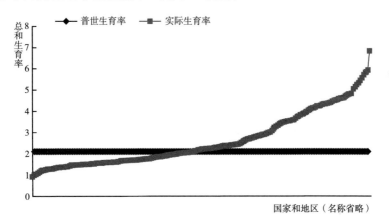

图 2　国家和地区实际生育率与普世生育率的差异

资料来源：世界银行数据库，https://data.worldbank.org/。

需要探究的是，现实中是否真的发生了这种趋中的情形。从世界范围来观察，确实可以看到各国生育率向普世意愿趋同的倾向，尽管具有不对称的特点。在图 3 中，我们分别选择四组国家，总体上囊括了处在不同发展水平上[1]，经历着不同生育率变化趋势的几种类型。从

[1]　这里，我们主要采用世界银行按照人均国民总收入（GNI）进行的分组，来界定一个国家所处的发展阶段。按照最新的分组标准，人均 GNI 在 1135 美元以下为低收入国家，1136~4465 美元为中等偏下收入国家，4466~13845 美元为中等偏上收入国家，13846 美元以上为高收入国家（World Bank, 2023）。鉴于在多数情况下，GNI 与 GDP 的差别不大，所以常常也可以按照人均 GDP 作为分组的依据。

中我们可以观察到以下事实。首先，以人均收入界定的发展阶段，或与之总体一致的人口转变阶段，决定生育率的变动方向。这一趋势在处于较低发展阶段时最为显著。其中，有些中等偏上收入国家的生育率更倾向于已经从极高水平降低到更替水平（见图 3-a），而处于较低收入水平的国家尚在下降的过程中（见图 3-b）。其次，就具体国家而言，也存在着经济发展阶段与人口转变阶段发生脱节的情形。例如，阿根廷在临近跨过高收入国家门槛的人均收入水平上，生育率仍然徘徊在更替水平，而中国在较之略低的人均收入水平上，生育率则低得多。最后，在极高人类发展水平和高度性别平等两个条件同时具备的条件下，如图 3-c 中的国家，生育率的下降已经趋于稳定，甚至初步呈现向普世生育率回升的趋势（UNPD, 2019, p. 9；Myrskylä et al., 2011）。同时，在那些即便具有很高人类发展水平，但在性别平等方面尚有差距的国家，生育率不仅未显现回升的迹象，甚至降低到难以逆转的程度，如图 3-d 中的日本、韩国和希腊。

　　进一步把图 3-c 和图 3-d 所列举的两组国家进行对比，可以获得关于生育率如何才有机会回升的较丰富信息。在表 1 中，我们列出与

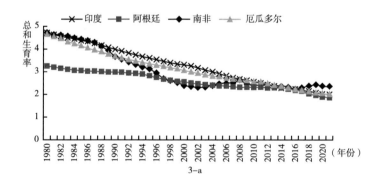

3-a

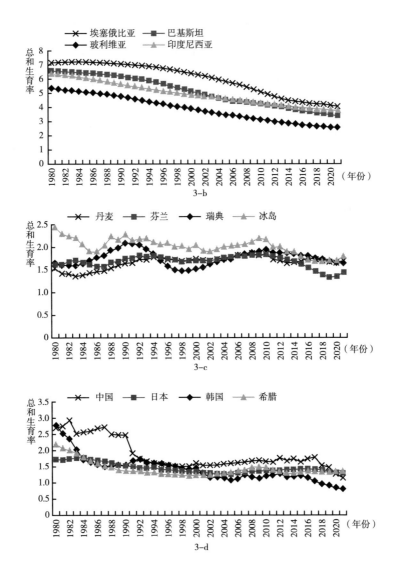

图3　不同类型国家的生育率变化趋势

资料来源：世界银行数据库，https://data.worldbank.org/。

国家整体社会流动性相关的指标排名，包括 HDI、社会流动指数、性别不平等指数、反映性别就业平等的女性劳动参与率相当于男性的百分比（表 1 中简称"女性就业"）以及幸福指数。各国在这些指标上所处的位置固然与其经济发展阶段相关，但是，也存在着社会流动性与人均收入水平产生一定背离的情形。图 3-c 中包括的四个欧洲国家，在社会流动性方面的世界排名都处于前列，所以，这些国家在 20 世纪 60 年代末（其中冰岛是 1984 年）生育率降到更替水平以下之后，并没有一路跌落不止，而是在波动中有所回升，在高收入国家中始终居于较高水平。与之相反，日本、韩国和希腊虽然也处在高收入国家行列，社会流动性却逊于前述国家，在幸福指数和性别平等方面的表现也不尽如人意，因而生育率均降到很低的水平，并且尚未观察到任何回升的迹象。与这两组中的其他国家相比，无论是就人均 GDP、人类发展水平、社会流动，还是幸福指数，中国都仍然处于赶超的过程中，在性别平等方面的表现也不尽如人意。然而，如何在这个阶段未雨绸缪，保持社会的高度流动性，从而避免陷入低生育率陷阱，是中国面临的重要政策抉择。

表 1　部分国家与社会流动性相关的排名

国家	HDI	社会流动指数	性别不平等指数	女性就业	幸福指数
丹麦	6	1	1	8	2
芬兰	11	3	6	6	1
瑞典	7	4	4	2	7
冰岛	3	5	8	4	3
中国	79	45	48	34	72

续表

国家	HDI	社会流动指数	性别不平等指数	女性就业	幸福指数
日本	19	15	22	51	54
韩国	19	25	15	54	59
希腊	33	48	32	45	58

注：HDI 为 191 个国家的排名；性别不平等指数为 118 个国家的排名；社会流动指数和女性就业（女性劳动参与率相当于男性的百分比）为 82 个国家的排名；幸福指数为 146 个国家的排名。资料来源：UNDP,2022; World Economic Forum,2020; Helliwell et al.,2022。

三 社会流动性与生育率关系的一般特征

鉴于从低生育水平回归到 2.1 这个普世暨更替水平，是中国面临的严峻且现实的挑战，也是一个理论和经验尚不能提供现成答案的难题，我们最关心的跨国经验，是生育率能够有所回归的原因，以及生育率处于极低水平且反弹乏力的原因。这里，跨国数据比较所涉及的国家，从案例意义上已经部分显示，正是社会流动性的不同，使得不同组别的国家表现出生育率及其变动的差异。在这部分，我们尝试进一步阐释社会流动性与生育率之间的关系，进而揭示一些可以观察到的事实。

社会流动性是指在一个社会，个人或家庭能够通过自身努力显著改善生活水平的几率。一般来说，一个人的生命周期是观察社会流动性的恰当区间，然而，社会流动性如果达到足够弱的程度，则会表现为社会阶层身份的代际传递。所以，在很多情况下，代际流动性是关于社会流动水平的有益度量。研究表明，一个社会的收入差距水平越大，社会流动性通常越低（Corak, 2013）。根据世界经济论坛的统计描述，居民收入的基尼系数与父母对子女收入地位的影响程度之间，具有显著的正相关关系，相关系数高达 0.8572（World Economic Forum, 2020: 10）。经济学家借用斯科特·菲茨杰拉德小说的寓意，把根据这一关系拟合的趋势线称作"了不起的盖茨比曲线"。

需要指出的是，在世界经济论坛的这份报告中，中国恰好处于这条拟合曲线上面。也就是说，在收入差距与社会流动性之间的关系上，中国的表现符合统计规律，而不是一个"异常值"。鉴于这条曲线中使用的是很多年以前的数据，例如，基尼系数是 1990~1995 年的平均值，中国的收入差距和社会流动性尚属差强人意。但是，如果把最新的居民可支配收入基尼系数（2021 年为 0.466）嵌入同一条"了不起的盖茨比曲线"，我们会看到中国具有的较大收入差距，以及趋于弱化的社会流动性。[1] 这个假设的情形在多大程度上是真实的，我们将在下一部分予以讨论。这里，我们拟依据讨论至此所涉及的中国社会阶层固化问题，简要指出两个需要双管齐下的方向。其一，着力缩小居民收入差距，避免社会流动性的继续弱化。其二，着力促使中国偏离"了不起的盖茨比曲线"，即争取成为收入分配与社会流动性之间一般关系模式的异常值。

社会流动性可以从诸多维度来观察、度量和理解。这里选择一个具有针对性的角度，即女性劳动参与率如何影响生育率[2]，可以帮助我

---

[1]　读者不妨借助世界经济论坛报告中的图 2（World Economic Forum, 2020:10）进行这样的思想实验。

[2]　劳动参与率系指有就业意愿的人口占劳动年龄人口的比例。至于着重选择这个角度进行分析的理由，可参考戈尔丁（2023）。

们获得若干观察性事实。我们使用 187 个国家和地区从 2011 到 2021 年共 11 年的数据，尝试展示 15~64 岁女性的劳动参与率与总和生育率之间关系（见图 4）。那么，两者之间是否存在着既有意义并且有显著性的统计关联呢？如果直接观察图形的话，两个指标之间的相互关系颇显复杂，整体上看不出什么规律性。然而，借助于理论和经验，以人口转变阶段和经济发展阶段之间的一般关系来引导我们的观察，图中的曲线（5 次多项式趋势线）所提供的信息即变为有内在逻辑的线索。这时，我们假设不同水平的总和生育率可以分别代表不同的发展阶段，便可以从中发现一些特征，即便不是特征化事实（stylized facts），至少可以说是观察性事实（observed facts）。

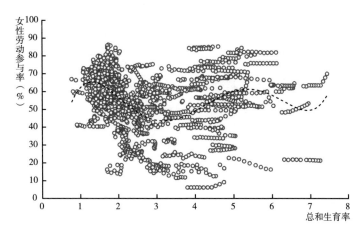

图 4　总和生育率与女性劳动参与率的关系

资料来源：世界银行数据库：https://data.worldbank.org/。

在概括这些事实之前，我们先来看世界银行对各国和地区进行分组的两种方式。按照人均 GNI 的分组方式广为人知。另一个不那么为人所知的方式，是按照国家和地区生育率变化趋势，或者说所处的人口机会窗口进行分组。按照该标准分组，国家和地区同样被分为四个组，分别为前人口红利国家：2015 年总和生育率不小于 4，预计2015~2030 年劳动年龄人口继续增长；早期人口红利国家：2015 年总和生育率小于 4，预计 2015~2030 年劳动年龄人口仍然增长；晚期人口红利国家：1985 年总和生育率不小于 2.1，预计 2015~2030 年劳动年龄人口零增长或负增长；后人口红利国家：1985 年总和生育率即小于 2.1，预计 2015~2030 年人口进入零增长或负增长（WB & IMF,2016: 268-273）。按人均 GDP 和按人口机会窗口这两种分组之间具有的一一对应性、不同发展阶段的就业结构，以及农业就业的性别变化特点（见图 5），将帮助我们进行以下的分析。

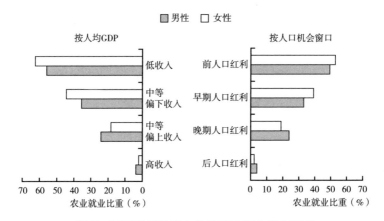

图 5　不同发展阶段上分性别的农业就业比重
资料来源：世界银行数据库，https://data.worldbank.org/。

首先，极低的人均收入水平和极高的生育率，均标识着一个国家处在很低的发展阶段。一般来说，总和生育率在 4 及以上的情形，对应着被归入前人口红利阶段或低收入组国家。可以说，处在这样的阶段上，一个经济体仍然具有"马尔萨斯贫困陷阱"的特征，平均而言人们只能挣到生存水平的工资，并且高生育率包括了很大部分不希望的出生婴儿。在这种条件下，妇女（甚至儿童）参加就业成为一种生存的必要，正如在图 4 中显示的那样，高达 4 或更高的生育率对应着较高的女性劳动参与率。并且，在这个发展阶段上，妇女就业高度集中在农业。如图 5 所示，无论以人均 GDP 衡量，还是以人口机会窗口衡量，都显现出越是在较低的发展阶段，女性在农业中就业的比重越高。

其次，我们把生育率从 4 到 2.1 变动的情形，看作一个经济体处在逐渐开启人口机会窗口，开始收获人口红利的时期，大体落在世界银行分组的中等偏下收入（早期人口红利）和中等偏上收入（晚期人口红利）阶段上。一方面，在这个阶段上，相应的国家渐渐摆脱马尔萨斯式的贫困恶性循环，由生存压力造成的女性就业不再是生存绝对必需的，因此，女性劳动参与率在一定时期内有所下降。另一方面，在这个发展过程中，妇女参与劳动力市场的意愿其实是趋于提高的，同时受制于较高的生育、养育和教育（机会）成本，家庭的收入和时间预算曲线趋于拮据，职业发展与家庭发展矛盾日渐突出，所以，一般来说生育率在这期间下降较快。

最后，总和生育率一旦降到 2.1 之下，女性劳动参与率也相应达到一个很高的水平，可以说已经逐渐趋近于峰值。由于这个生育率不仅是保证人口稳定的更替水平，同时也符合普遍的生育意愿，围绕这个生育水平便产生"趋中"现象，即从潜力上说，更高的生育率会继续下降，过低的生育率有可能回升。一个与此相关的现象是，当生育率降到譬如说 1.7 以下时，经济体之间往往发生一定的分化。在一些社会福利水平和性别平等程度都很高的发达国家，例如，比较典型的是具有极高人类发展水平的北欧国家，形成了有利于妇女就业的社会环境，职业发展与家庭发展之间不再构成严格的替代取舍关系，更高的女性劳动参与率与生育率的回升同时发生。另一方面，在一些较发达的国家和地区，或者没能分别满足高社会福利水平和高性别平等两个条件，更未能同时满足这两个条件，生育率的下降则难见触底回升的迹象（Myrskylä et al., 2011）。例如，曾经以东亚奇迹著称的日本和韩国，始终未能取得职业发展与家庭发展之间的良性循环，在生育率降到极低水平的同时，这些经济体的女性劳动参与率也未能排在高水平之列。

发展既表现为经济增长和人均 GDP 的提高，也表现为社会发展和共享水平的提高。前述观察到的事实表明，在一定的发展阶段上，国家面临着关键的转折点，或者说国家之间会发生分化。一方面，如果发展本身能够在两个侧面之间保持平衡，两者之间则会形成一种相辅相成的关系，从而有助于在经济增长和社会流动性诸方面继续取得进步，生育率也便具有"趋中"的倾向。另一方面，如果发展的这两个侧面产生脱节，分不好蛋糕进而妨碍继续做大蛋糕，经济增长和社会流动性之间便会形成恶性循环，居民对未来预期的弱化即产生抑制生育意愿的效应。

国家之间产生以下三种分化现象，既符合理论的预期，也得到了经验的证明。第一，在从中等收入国家行列迈入高收入国家行列的门槛附近，经历过高速增长的经济体往往出现增长速度显著下降，各国不同的政策应对，也导致相关国家产生经济增长的分化（蔡昉，2019）。第二，在类似的转变阶段，甚至在进入高收入阶段后的一段时间里，经济增长速度的减慢倾向于弱化社会流动性，政策应对恰当与否，也会在国家之间产生社会流动性的分化。利用跨国数据分析，卡罗尔·格拉罕在尝试揭示人均 GDP 与居民生活满意度之间的关系时，实际上发现了这种社会流动性的分化现象。[1] 第三，在类似的乃至更高的发展阶段上，社会流动性和性别平等的表现差异，也导致国家之间生育率变化趋势的分化（如图 3-c 与图 3-d 不同组国家之间的差别）。这三种分化现象提示我们，关注导致分化的因素，特别是找到造成国家之间社会流动性分化的体制性原因，进而明确制度建设方向和路径，对于提高生育意愿和生育率，比碎片化的鼓励生育政策来得更为有效。

四　中国社会流动的阶段性变化

我们先结合中国的发展历程和现实，从理论层面构建一个理解社会流动性决定因素的概念框架。无论是从经济人假说出发，还是从社会人假说出发，社会流动都不缺乏微观层面的激励，即人们天然具有努力改善自己及子女生活的内在动机。因此，社会流动性朝着提高的方向变化，还是朝着降低的方向变化，终究受制于两个基本的外部条件，分别为制约或者促进社会流动的制度条件和市场机会。这两个条件之间的各

---

[1] 例如，可以参见该作者文章中的图 6-1（Graham, 2009: 129）。

种组合，导致社会流动性的不同变化方向和结果。如表 2 所示，在制度约束与市场机会之间存在着四种基础情形，分别代表着影响社会流动的制度约束的强与弱与市场机会的多与少之间的组合，在表中形成以圆圈大小代表的或高或低的社会流动性。

表 2　不同约束和机会组合下的社会流动性

市场机会	制度约束	
	强	弱
少	○ ←-----	○
	↓	↑
多	○ -----→	○

从表 2 中的第二象限开始，按照箭头标示的逆时针方向依次观察，可以帮助我们以极为简略的方式，重温改革开放以来社会流动性变化的历程。[1] 其中，第二象限反映的是改革初期的情形，人口和劳动力的流动受到制度的严格阻碍，经济增长和结构变化也尚未创造出足够的流动机会。在这里，一个微不足道的小圈表示极低的社会流动性。第三象限反映的是改革开放早期的情况，虽然制度约束仍然较强，人口和劳动力流动已经获得一定突破，经济活动市场化程度有所提高。这里的社会流动性可以用增大的圈表示。第四象限反映的是在改革促

---

[1]　更详尽的分析，可参见蔡昉（2023）。

进发展的过程中，逐渐减弱的制度约束与日益增多的市场机会相组合。这个时期的社会流动性达到很高的程度，因而用更大的圈表示。第一象限反映的是一个新的发展阶段，这时，解除制度约束的空间已经缩小，经济增长减速也导致市场机会减少，社会流动性有再次降低的可能性，故以再次变小的圈表示。在一种极端的情形下，如果制约社会流动的体制性因素再次增强，社会流动性可能产生向第二象限回归的倾向。

　　虽然制度变迁是永不停止的，但是，在一个特定的时期里，旨在消除妨碍社会流动体制障碍的改革潜力，却可能暂时性地被挖掘殆尽。所以，一旦来到第一象限，制度约束固然已经很弱，市场机会却大大减少，保持社会流动的引擎似乎已经无从开启。不过，对于社会流动性变化的前景并不需要如此悲观。表2中列举的各种组合，其实并没有穷尽所有的可能选项。也就是说，这时需要的是从消除既有的制度弊端转向新型制度的建设，或者说从"破"转向"立"。具体来说，我们把表2中的"制度约束"修改为表3中的"制度保障"，把其中的"强"与"弱"排列顺序颠倒过来。这样来看，既然加强制度保障的潜力几乎没有极限，第一象限的努力空间就是巨大的，可以有所作为的内容十分广泛，从而可以避免回归到第二象限的命运。解除制度约束和强化制度保障这一破一立，并不仅仅是时间上接续执行的任务，也应该成为空间上同时推进的任务，只是在前一过程的潜力减小因而改革边际效果递减的情况下，后一过程的紧迫性日益增强。

表 3　不同保障和机会组合下的社会流动性

市场机会	制度保障	
	弱	强
少	○	◯
多	◯	◯

值得指出的是，无论以制度约束还是以制度保障与市场机会相组合，社会流动性的最好情形（如表 2 和表 3 中第四象限所表示的那样），基本上都表现为绝对流动性的提高，即随着经济增长、市场机会扩大和收入整体提高，各收入组的居民生活水平均得到改善。在这些水涨船高的机会窗口趋于收窄的条件下，消除制度障碍和强化制度保障的方向，就应该转向促进相对社会流动性的提高，即通过改善收入分配和促进基本公共服务均等化，为各人口群体提供平等的上升机会。对中国来说，无论从尚未消除的制度约束来看，还是从有待完善的制度保障来看，都仍然存在着增强社会流动性的潜力。随着经济增长从高速轨道转入中高速乃至中速轨道，消除体制障碍和加快制度建设，日益成为提高社会流动性的必由之路。

为了避免把社会流动性置于抽象化和空洞化的层面，我们借鉴世界经济论坛编写"全球社会流动指数"的方法（World Economic Forum, 2020: 5），从社会流动性的五类共 10 个支柱来观察。这些类别和支柱分别是：健康，教育（可获得性、质量与平等性、终身学习机会)，技术，工作（就业机会、工资、劳动条件），保障及制度（社会保护和包容性制度）。显而易见，这些内容正是社会福利体系或者基本公共服务体系的四梁八柱结构，换句话说，福利国家建设是社会流动性的有效保障。埃斯平-安德森的研究表明，北欧式的福利体系在促进机会平等方面的作用十分明显，特别表现在通过转移支付改善低收入群体的人力资本，以及通过劳动力市场政策促进低收入群体妇女就业等，相应促进了相对社会流动（Esping-Andersen, 2015）。

从社会保护、社会福利和社会共济等各类项目来看，基本公共服务供给水平和均等化程度，都存在着制度的不尽完善现象，以致阻碍相对社会流动性的提高。其中最为旷日持久从而顽固存在的若干体制性障碍，根植于以户籍制度为核心的城乡二元结构。需要指出的是，户籍制度阻碍社会流动的作用，不仅表现为在城乡之间为劳动力的横向流动设置了体制障碍，还表现为形成的就业机会、社会保障及其他基本公共服务的不均等化格局，使得部分人口群体实现纵向流动的难度格外大。例如，随着城乡二元结构扩展到城镇内部，农民工与城镇户籍人口之间在就业和居住上形成了一种体制性分隔，不利于流动人口打破收入分组的界限，阻碍着相对社会流动。反过来，社会流动性的弱化维系了现行收入分配格局、减缓了中等收入群体的扩大速度，也使居民消费受到抑制，加大了保持经济增长合理速度的难度。因此，现行户籍制度是一系列社会流动性减弱现象的体制起点。

生育意愿与人们的长期预期紧密相关，因而可以将其看作社会流动性的函数。户籍制度具有弱化就业稳定性、社会流动性和居民预期的内在倾向，因而抑制了人们的生育意愿。最主要的一种表现是，城镇常住人口的户籍状况造成就业的非正规性，进而诱致产生阶层固化的倾向。根据第七次全国人口普查数据（国务院第七次全国人口普查领导小组办公室编，2022，表 3–1a、3–1b、7–2a、7–2b），剔除市辖区内的人户分离情形后，城镇中仍有 36.8% 的常住人口户籍在外乡、镇和街道。其中，处在职业发展和家庭发展最关键生命周期的人群，这种常住地与户籍分离（人户分离）的现象最为突出。例如，如果以 20~44 岁年龄段作为就业最活跃的人口，这个群体的人户分离比例为 59.1%，作为统计部门界定的"青年就业人群"的 16~24 岁人口，人户分离比例高达 60.5%，而 20~34 岁这个公认处于生育旺盛期的人口，人户分离比例也达到 50.9%。

就业的非正规化，通常指就业过程未受到劳动力市场制度的良好规范，以及劳动者未受到社会保障充分覆盖，因而雇佣关系、就业岗位、工资和基本社会保险都缺乏稳定性的现象，最直截了当地表现为就业者的劳动合同签约率和社会保障覆盖率均较低。从中国城镇就业结构来看，一些领域的就业普遍具有非正规性质。例如，私营企业就业、个体就业，以及未被雇用单位纳入职工统计范围的就业群体（如劳务派遣工），最可能处于非正规就业状态。从统计上看，这部分就业人口占城镇全部就业人员的比重，经历过从 2000 年的 50.0% 到 2010 年的 63.2% 的提高过程，之后曾经一度降低到 2013 年的 53.8%，随后再次提高到 2021 年的 64.3%（国家统计局，2023）。研究者很容易观察到，就业非正规性表现最突出的行业，通常是中小微企业以及劳动生产率较低的领域。一个值得关注的事实是，女性劳动力经历着更为严峻的就业非正规化。根据第五次和第七次全国人口普查数据，2000~2020 年，中国劳动年龄人口的就业率有所下降,男性就业率从 87.7% 下降到 78.9%,而女性就业率从 76.9% 下降到 57.9%。其结果就是,在 2020 年全部就业人口中女性占比仅为 40.8%。与此同时,把 19 个行业按照劳动生产率排列可见,女性就业相对倾斜地集中在劳动生产率较低的行业中(见图 6)。

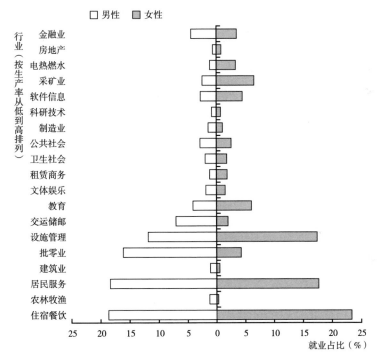

图 6 分性别和行业的中国就业结构

注:劳动生产率(劳均万元)从低到高依次为:住宿和餐饮业(4.8);农、林、牧、渔业(6.0);居民服务、修理和其他服务业(7.1);建筑业(9.8);批发和零售业(10.4);水利、环境和公共设施管理业(11.3);交通运输、仓储和邮政业(12.4);教育(14.8);文化、体育和娱乐业(14.8);租赁和商务服务业(18.0);卫生和社会工作(18.2);公共管理、社会保障和社会组织(18.5);制造业(22.5);科学研究和技术服务业(28.6);信息传输、软件和信息技术服务业(33.9);采矿业(38.7);电力、热力、燃气及水生产和供应业(42.7);房地产业(58.7);金融业(86.9)。为图文清晰,个别行业名称采用简写。

资料来源:国务院第七次全国人口普查领导小组办公室编(2022);国家统计局(2023)。

长期以来，研究者都十分关注劳动力市场上的性别歧视现象，大量文献揭示了男女劳动者之间普遍存在着工资差别，也不乏关于中国劳动力市场上性别歧视导致工资差异的研究（Wang and Cai, 2008）。2023 年诺贝尔经济学奖获得者克劳迪娅·戈尔丁（2023）进一步指出，在就业市场上的歧视因素之外，女性承担更多的家庭照料责任，进而面对着事业与家庭之间张力更大的替代取舍，以致从终身就业周期来看，她们更多地面临不利的劳动力市场条件，在工作质量、就业稳定性、升职和加薪等方面持续处于劣势地位。既然这里起关键作用的是事业与家庭之间的替代取舍，因此，在劳动力市场妨碍女性充分且高质量就业的同时，缺乏家庭必要劳动时间的保障性制度，无疑加大了"三育"的机会成本和实际负担，进而抑制家庭特别是女性的生育意愿。

五 改变生育意愿的关键政策因素

以人口高质量发展支撑中国式现代化，要求阻止总和生育率降低的趋势，并尽早产生向更可持续更替生育水平回升的势头，从而稳定人口总规模。迄今为止各国的经验均表明，碎片化的生育鼓励政策，通常难以汇总成期冀的生育率变化趋势。与此同时，既然人们普遍接受的理想孩子数约为两个，说明更替水平生育率也可以被看作一个普世的生育率。因此，在理论上存在着一种分别从更高和更低的实际生育率，向这个普世生育水平移动的趋势，或称之为"趋中律"。社会流动性趋于降低，以及造成这种现象的体制因素，则发挥着不利于生育率向普世水平趋同的作用。本章的政策意图，正是着眼于找出那些具有公共品性质，或可以通过制度创新做出改变的因素，通过促使其发挥正面作用，改变人们的长期预期从而生育意愿及行为，把生育率的变化扭转到符合"趋中律"的轨道上。

生育意愿和生育率受多种因素的影响，哪些因素居于更加重要的位置，取决于一个国家所处的经济发展阶段和人口转变阶段。在中等收入阶段上，经济增长和人均收入水平提高促进就业扩大，生育率从较高水平向更替水平或普世水平下降。在成为高收入国家或者即将跨过高收入国家行列门槛的阶段上，经济增长动能的转换往往导致经济增长减速。此时，市场机会式微也会产生社会流动性减弱的趋势，相应推动生育率在普世水平之下继续下降。应对这个阶段上的双重挑战，即一方面保持合理的经济增长速度，另一方面稳定乃至提高生育率，都有赖于进一步消除体制性障碍，推进符合现代化共同特征的制度建设，进而保持和增强社会流动。

良好和稳定的预期，既取决于初次分配领域的机会均等性，也在相当大的程度上倚仗基本公共服务等再分配制度安排，还有赖于全社会的性别平等意识及保障。就中国来说，促进社会流动和提高生育意愿，需要从推进公共政策调整、经济社会体制改革和社会福利体系建设着眼。从纲举目张的推进特点、促进发展的改革红利、应对现实挑战的紧迫性，从而支撑中国式现代化的角度出发，以下几个方面的改革应该作为突破口。首先，以户籍制度改革为抓手，让更多进城务工的农村劳动力及其家庭成员，以及大学毕业生在城镇落户，同时提高城乡之间基本公共服务的均等化水平，破除城乡二元结构。其次，整合社会政策内容和措施，以实现幼有所育、学有所教、劳有所得、病有所医、老有所养、住有所居、弱有所扶等基本公共服务的充分和均等供给为目标，建立和完善覆盖全民和全生命周期的社会福利体系。再次，在初次分配和再分配领域同时发力，显著缩小城乡之间、地区之间和居民家庭之间的收入差距，阻断阶层固化及其社会分层的代际传递。最后，推进建立和完善劳动力市场制度，赋予和谐劳动关系以更富有时代感的内涵，从岗位本身和维护权益两方面提高就业质量，在与其他社会政策的配合中促进性别平等。

参考文献

蔡昉，2019，《从中等收入陷阱到门槛效应》，《经济学动态》第 11 期。

蔡昉，2023，《户籍制度改革的效应、方向和路径》，《经济研究》第 10 期。

国家统计局，2023，"国家数据"，国家统计局网站 (https://data.stats.gov.cn/easyquery.htm?cn=C01)。

国务院第七次全国人口普查领导小组办公室编，2022，《中国人口普查年鉴（2020）》，中国统计出版社。

克劳迪娅·戈尔丁，2023，《事业还是家庭？女性追求平等的百年旅程》，颜进宇、颜超凡译，中信出版集团。

姚从容、吴帆、李建民，2010，《我国城乡居民生育意愿调查研究综述：2000–2008》，《人口学刊》第 2 期。

伊桑·马苏德，2016，《GDP 简史：从国家奖牌榜到众矢之的》，钱峰译，人民东方出版传媒、东方出版社。

Barro, R. J. & G. S. Becker, 1989, "Fertility Choice in a Model of Economic Growth." *Econometrica* 57(2).

Becker, G. S.,1960, *An Economic Analysis of Fertility, in Demographic and Economic Change in Developed Countries, a conference of the Universities-National Bureau Committee for Economic Research.* New York, NY: National Bureau of Economic Research, distributed by Columbia University Press.

Caldwell, John C., 1976, "Toward a Restatement of Demographic Transition Theory." *Population and Development Review* 2.

Corak, Miles, 2013, "Income Inequality, Equality of Opportunity, and Intergenerational Mobility", *Journal of Economic Perspectives*, Vol. 27, No. 3: 79-102.

Esping-Andersen, Gøsta, 2015, "Welfare Regimes and Social Stratification." *Journal of European Social Policy* 25(1).

Graham, Carol, 2009, "Can Happiness Research Help Fiscal Policy?" In Antonio Estache & Dany Leipziger (eds.), *Stuck in the Middle: Is Fiscal Policy Failing the Middle Classs?* Washington, D.C.: Brookings Institution Press.

Heckman, James J. & Stefano Mosso, 2014, "The Economics of Human Development and Social Mobility", *NBER Working Paper* 19925: http://www.nber.org/papers/w19925.

Helliwell, John F., Richard Layard, Jeffrey D. Sachs, Jan-Emmanuel De Neve, Lara B. Aknin & Shun Wang (eds.), 2022, *World Happiness Report 2022.* New York: Sustainable Development Solutions Network.

Myrdal, Gunnar, 1962, *Population: A Problem for Democracy.* Gloucester, Mass.: Peter Smith.

Myrskylä, Mikko, Hans-Peter Kohler & Francesco C. Billari,2011, "High Development and Fertility: Fertility at Older Reproductive Ages and Gender

Equality Explain the Positive Link." *MPIDR Working Papers WP-2011-017,* Max Planck Institute for Demographic Research, Rostock, Germany.

Organization for Economic Co-operation and Development (OECD) 2010, *Economic Policy Reforms: Going for Growth, Chapter 5 "A Family Affair: Intergenerational Social Mobility across OECD Countries"*, pp. 181-198. https://www.oecd-ilibrary. org/economics/economic-policy-reforms-2010_growth-2010-en.

Sobotka, Tomáš & Éva Beaujouan, 2014, "Two Is Best? The Persistence of a Two-Child Family Ideal in Europe", *Population and Development Review*, 40(3): 391-419.

Stanton, Elizabeth A., 2007, "The Human Development Index: A History", *PERI Working Paper Series*, No. 127 (February), Political Economy Research Institute, University of Massachusetts-Amherst.

The United Nations Development Programme (UNDP) 2022, *Human Development Report 2021/22: Uncertain Times, Unsettled Lives: Shaping our Future in a World in Transformation.* UNDP, 1 UN Plaza, New York, NY 10017 USA.

The World Bank and The International Monetary Fund, 2016, *Development Goals in an Era of Demographic Change: Global Monitoring Report 2015/2016.* Washington, DC.: International Bank for Reconstruction and Development / The World Bank.

United Nations, Department of Economic and Social Affairs, Population Division (UNPD) 2019, *World Population Prospects 2019: Highlights (ST/ESA/SER. A/423):https://population.un.org/wpp/Publications/Files/WPP2019_Highlights.pdf.*

Wang, Meiyan & Fang Cai, 2008, "Gender Earnings Differential in Urban China." *Review of Development Economics* 12(2).

World Bank, 2023, "World Bank Country and Lending Groups." (https://datahelpdesk. worldbank.org/knowledgebase/articles/906519-world-bank-country-and-lendinggroups).

World Economic Forum, 2020, "The Global Social Mobility Report 2020: Equality, Opportunity and a New Economic Imperative." World Economic Forum, Cologny/ Geneva, Switzerland: https://www3.weforum.org/docs/Global_Social_Mobility_ Report.pdf.

Wu, S. D., 2017, "Study on the Optimal Fertility Choice Based on Household Utility Function." *International Business and Management* 15(2).

如何摆脱"低生育率陷阱"？

以妇女终身生育的孩子数表示，中国的总和生育率早在 1992 年就降到保持人口规模稳定所需的 2.1 这个更替水平之下。30 年后的 2022 年，中国人口开始负增长，在统计意义上也就顺理成章。如何应对这个人口新常态，成为从学术圈到决策层及至舆论界的热切关注。在涉及人口的热议话题中，我们有没有机会摆脱目前的低生育状况，对中国社会是一个唯此为大的课题，也是我在出版《人口负增长时代》一书后仍然念兹在兹的谜题（蔡昉，2023）。一方面，相关学科在这个问题上已经取得一定进展。另一方面，由于各学科之间的交流不顺畅，交叉研究开展得不充分，每个流派的研究范式也不尽统一，我们迄今缺乏一个完整的认识框架。也就是说，人们对生育率问题表现出极大关注度，对相关理论进展和经验积累却知之甚少，因而在系统性政策思路上也难以形成共识。作为对认识需求的回应，本章在综述理论和实证文献的基础上，尝试勾勒一个转变研究范式和重构分析框架的路线图。

一　"低生育率陷阱"之谜

奥地利学者沃尔夫冈·鲁茨（Wolfgang Lutz）最先提出"低生育率陷阱"概念。在很长时间里，这只是人口学家圈内的讨论话题。随着生育率下降成为更多国家面临的现实，这个令人不安的概念也不胫而走，甚至被接受为一种特征化事实。除了从具有极低生育率国家的经验证据获得支持外，这个假说还得到主流人口理论的背书。从理论和政策关注的角度来看，由于具备了以下两个重要成分，该理论已经概念化和体系化。第一，这个理论尝试阐明，某些确定存在的因素会通过特定的机制，使生育率下降成为一个自我强化的不可逆过程；第二，该理论也尝试从经验上表明，现实中存在一个关于低生育率的数量界定，也就是说，总和生育率降到该水平及以下的情形，意味着一个社会落入低生育率陷阱，且难以自拔。

鲁茨及其合作者在一篇报告中指出，在人口、社会和经济三个维度上存在着一些相互关联的因素，共同推动低生育率国家的生育率进一步螺旋式下降（Lutz et al., 2006）。从人口学角度看，长期的人口负增长会导致处在生育年龄的人数过少，以致无法逆转生育率下降的惯性。从社会学角度看，既然每一代人在选择理想家庭规模时，依据的经验都来自上一代的生育率降低趋势，所以，生养更少数量的孩子，对新生代父母来说只是顺水推舟之举。从经济学角度看，在期望生活水平与实际收入水平之间存在的较大缺口，抑制了年青一代生养孩子的能力和意愿。虽然鲁茨等人不情愿给出一个作为"陷阱"标志的生育率，但是，很多其他研究表明，以总和生育率1.5作为基准，可以取得较大的共识。也就是说，如果生育率低于这个水平，一个国家就被认为掉入低生育率陷阱。

第七次全国人口普查显示，2020 年中国的总和生育率为 1.3。世界银行数据表明，2021 年这个数字进一步降低到不足 1.2。根据不同的参照标准，我们可以对中国现行生育率究竟有多低做出几种判定：与 2.1 这个保持人口规模稳定的更替水平相比，处于低生育水平；与 1.5 这个作为"陷阱"基准的水平相比，已经掉入低生育率陷阱；根据所谓"极低生育率"（lowest-low fertility）这样一个标准（Kohler et al., 2002），已经处在极低的水平。早在 2014 年，国家就开始逐步调整生育政策，先后实行了"单独二孩""全面二孩"和"可以生育三孩"政策，与此同时把积极应对人口老龄化上升为国家战略，出台了一系列配套支持措施，正是对极低生育率的积极政策回应。

然而，从人口动态和生育率变化来看，这些政策尚未显现预期的效果。人口自然增长率以其既有的惯性，从 2014 年的 6.7‰ 跌落到 2022 年的 -0.6‰。防止人口过快减少和老龄化，必然要求阻止生育率的下降势头，甚至希望生育率向更可持续的水平回升。学术界面临的课题，便是打破学科之间的界限，从理论逻辑和实证经验上回答，低生育率陷阱究竟是什么东西，它能否以及如何被避免或摆脱。在诸多目标中，一个较为根本的诉求是：打破传统的认识定式和研究范式，构建一个符合生育率变化规律的分析框架，并按照一种内洽的逻辑制定政策。

二　传统理论范式的罅隙

低生育率陷阱作为一种理论假说，既非无的放矢，也不是建立在空中楼阁上。实际上，迄今为止关于生育率的研究，无论是一些广为流行的理论阐述，还是围绕相应理论假说进行的实证分析，似乎都为低生育率陷阱这个说法提供学理和经验的证据。这方面，除了鲁茨本人提到的人口学、社会学和经济学渊源之外，至少还受到两个权威学说——"孩子效用论"和"第二次人口转变理论"的有力支撑。然而，一旦我们转换认识视角并且吸收最新发展经验，便可以发现这两种理论在研究范式上存在的缺陷。

诺贝尔经济学奖获得者加里·贝克尔（Gary Becker），当之无愧享有"孩子效用论"的首创权。作为芝加哥学派的重要成员，贝克尔长期担任经济系和社会学系的双聘教授，以把经济分析应用于诸多社会生活现象著称。作为人口增长微观基础的家庭生育决策，便是一个这样的领域。从静态角度来看，在贝克尔的模型中（Becker, 1997），孩子被视为能够产生效用的耐用消费品，故家庭的生育决策可以采用成本－收益框架进行分析。"购买"孩子的价格或生养孩子的成本，既包括直接花在他们身上的支出，也包括父母付出的时间或机会成本。从孩子身上获得收益，则包括孩子作为家庭劳动力、养老保障和情感寄托等效用。因此，父母期望的孩子数量，由家庭收入、孩子的成本和收益等因素决定。从动态角度来看，经济社会的发展，一方面，通过整体提高家庭收入，使父母对孩子产生较大需求；另一方面，也相对改变了生养孩子的成本和收益，降低父母对孩子的需求。此外，根据贝克尔的婚姻理论，经济社会环境的变化，也会分别提高或降低结婚率，继而从不同方向上改变生育率（Becker, 1973; 1974）。在这些正反两面的因素中，妇女就业机会增多和孩子养育成本提高等因素，均发挥着主导性的作用，因此，一般来说，随着发展水平的提高，生育率趋于降低。迄今为止，从这个模型所涉及的变量中，人们尚难看到生育率下降的谷底。

国际人口科学联盟最高荣誉奖得主德克·范德卡（Dirk Van de Kaa）的一个重要贡献，是提出和论证了所谓"第二次人口转变理论"（蒋末文，2002）。作为这一理论的前身，"第一次人口转变理论"主要关注人口出生率、死亡率和自然增长率的阶段性特征，据此把人口转变过程划分为三个阶段，先是高出生、高死亡和低增长组合，继而高出生、低死亡和高增长组合，最后是低出生、低死亡和低增长组合（Caldwell, 1976）。着眼于探讨后现代社会背景下生育率进一步下降的独特原因，范德卡尝试在模型中加上一些能使该理论脱颖而出的因素，譬如结婚率（Van de Kaa, 2002）。由于生养孩子的成本越来越高，妨碍家庭的向上社会流动，人们越来越接受新的两性关系文化和婚姻制度。越来越少的人选择结婚、更多的人未婚同居，以及更高的离婚率等现象日益凸显，成为生育率一降再降的主要解释因素。

第一次人口转变理论的革命性贡献，是把生育问题视为家庭出于效用最大化目标进行权衡取舍的结果，从经济发展一般趋势中寻找生育率下降的原因。第二次人口转变理论也有其本身的核心贡献，即把生育抉择与社会流动联系起来认识，在后现代社会的特征中寻找生育率进一步下降的原因。不过，在把这两种理论应用于阐释低生育率陷阱的时候，都暴露出各自的逻辑缺陷，同时也未能完美地获得实际经验的证明。

贝克尔的模型有一个先天的罅隙，不仅使其解释力大打折扣，还将注定由此打开一个缺口，导致它对低生育率陷阱假说的理论支撑日益脆弱化。该模型没有考虑到的事实是，影响家庭生育决策的因素，并不限于表现为挣取的收入和消费的产品及服务，还包括不可或缺并且重要性与日俱增的公共服务。约翰·肯尼思·加尔布雷思（2009）指出，一个国家在逐渐迈入富裕社会之时，通常会面临私人投资与公共支出不平衡，以及公共生活与私人生活质量差别等矛盾。因此，在更高的发展阶段上，人们对政府提供公共产品的职能提出更高的要求。著名的"瓦格纳法则"指出，随着一个社会发展水平的提高，政府在提供公共品上的支出趋于增加，占社会总产出的比重相应提高（Henrekson, 1993）。大多数人口学家和经济学家也都同意，以改善妇女和儿童福利为主要内容的公共服务，对于生育意愿具有正面而显著的影响。

范德卡的模型虽然考虑到福利国家的因素，却因受限于观察和认识，没有得出符合逻辑的结论。他认为，更充分的基本公共服务供给，或者更完备的社会保障制度，反而使人们对家庭的依赖程度减弱，从而也成为生育意愿下降的一个原因。诚然，结婚率下降、非婚同居比例和离婚率上升，不仅在西方国家日益普遍，在世界其他地区也成为一种潮流。然而，用婚姻制度的变化解释生育率的下降，却未能经得住事实的检验。一方面，性观念和婚姻制度的变化，本身就具有生育与婚姻脱钩的含义。例如，从欧盟国家的平均水平来看（Eurostat, 2023），2000~2021 年，人口的结婚比例从 5.2‰下降到 3.9‰，离婚比例保持在 1.7‰不变，同时，婚外生育的孩子占比却从 25.4% 显著提高到 41.8%。既然婚姻已经不再是生育的必要条件，婚姻制度的变化也难以成为生育率下降的原因。另一方面，无论在西方国家之间比较，譬如说北欧国家与南欧国家相比，还是拿西方国家与世界其他地区比较，譬如说欧美与东亚地区相比，更为激进的婚姻制度变化未必对应着更低的生育率。

三 人口与发展关系新范式的支柱

之所以有"第二次人口转变"这个概念，是因为预期生育率持续下降的"第一次人口转变"曾经在历史上被逆转过。早在第二次世界大战前，困扰当今世界的人口减速和停滞现象，已经在西方发达国家显现过一次，虽然就严重程度和影响范围而言，与当下情形不可同日而语。人口停滞及其可能对经济增长带来的不利影响，受到当时一些著名经济学家的关注。他们不仅著书立说，尝试突破以马尔萨斯为代表的人口与发展关系范式，还面向大众传播新理念、游说甚至直接参与政策制定，影响了战后欧美国家经济体制和社会政策的选择，改变了这些国家的人口转变路径和经济发展轨迹。

就其身后留下的重要学术贡献和政策遗产，以及在重大历史事件中发挥的作用而论，经济学说史上一些耳熟能详的名字，与当时人口问题的重大讨论也密切关联着（蔡昉，2024）。例如，冈纳·缪尔达尔对人口停滞的危害做出了天启般的警示，撼动了瑞典乃至北欧学者和决策者对人口与发展关系的传统认知，他本人也身体力行地推动了瑞典的福利国家建设。英国的梅纳德·凯恩斯和有着"美国的凯恩斯"之誉的阿尔文·汉森（Alvin Hansen），虽然身在大西洋两端，却不约而同地阐述了人口停滞造成需求侧冲击，进而阻碍经济增长的原理，汉森还首创了如今在宏观经济学界再度流行的"长期停滞"（secular stagnation）这个概念。应该说，与人口问题相关的思想和理论，从一开始就没有局限在学术象牙塔内，而是在大众中得到了广泛传播，在议会里进行过充分争论，进而成为政府制定和执行的政策。例如，福利国家的北欧模式和英美模式，分别与缪尔达尔夫妇的立法游说、《贝弗里奇报告》的发表与实施，以及罗斯福新政的相关实践密切相关。

有趣的是，这些经济学家生活在不同的国家，在几乎不相往来的情况下，以相同的口吻表达了对人口问题的危机感，都尝试颠覆既有的人口与发展关系范式，并且亲身参与推动了社会福利体系的构建。从战后到 20 世纪 50 年代和 60 年代，欧美主要国家分别完成了福利国家建设，不仅促进了战后的经济快速复苏、生活质量的跃升、中产阶级的兴起，更出人意料地迎来一个婴儿潮。从实践的角度，这不啻为一项有益的社会工程和成功的社会实验。从研究的角度，这段史实也堪称社会科学研究的一种准自然实验案例。那么，为什么历史呈现出一个人口危机提出的问题，最终以福利国家建成而得以解决的反馈关系呢？回答这个问题，需要搭建一个理论和经验相结合的三位一体认知框架，或者说构建一个由三条支柱撑起的人口与发展关系新范式，这样，人口危机的应对之策才有制度根基。

支柱一：存在一个相当于更替水平的普世生育率。从统计意义上说，2.1 这个总和生育率，既是定义生育率高或低的临界点，即低于该水平就属于低生育率，也是避免人口负增长从而人口规模萎缩的更替水平，即两个孩子才足以替代父母二人。与此同时，来自不同国家的意愿调查、多学科的理论阐释，以及历史叙事和跨国数据分析也指出，2.1 这个生育率或每个家庭生育两个孩子，也是家庭的理想生育意愿。如果这个生育水平具有不分时间和空间的普遍性，便可以称之为普世生育率（蔡昉，2024）。这就意味着，任何由于共同或特殊的因素，实际生育率偏离这一水平的国家，都有机会借助自然形成或人为创造的条件，实现对普世生育率的回归。

支柱二：社会流动状况决定性地影响生育意愿。在当代社会，人们可以列出一个导致生育意愿低迷原因的冗长清单，涉及家庭收入和时间的紧预算约束、生殖服务的供给不足、教育的机会缺乏和成本高昂、岗位数量不足和就业质量低下、性别平等程度低，等等。如果让我们来选择一个概念，使其既具有更大程度的基础性、概括性和针对性，又能够提供一个新的分析范式的话，上述影响生育率因素的共同归结点便是社会流动的不充分。从家庭的角度来说，人们是否具备一种良好的预期，在终其一生乃至跨代的时间框架内实现向上的流动，从根本上决定他们的生育取向和抉择。

支柱三：完善的社会福利体系为社会流动提供制度保障。第二次人口转变理论的可取之处在于，它在家庭层面上把生育意愿和生育选择与社会流动联系起来。阻碍社会流动的一个恒久因素，便是伴随生命周期的风险乃至跨代的不确定性。而社会福利体系则是处置这些风险和不确定性的制度安排（Samuelson, 1958）。丹麦社会学家哥斯塔·埃斯平-安德森（2010）把福利国家区分为出发点和效果迥异的"三个世界"，通过实证分析指出（Esping-Andersen, 2015），福利国家良好发挥促进社会流动的作用，需要以恰当的制度设计为条件。以工薪阶层利益为着眼点，关注就业和性别平等的北欧福利国家模式，最有利于为各阶层提供平等的机会，因而能够最充分促进"自下而上"的社会流动。其他学者的研究成果，也为福利国家与社会流动之间存在的正相关关系提供了新的证据。

四　两个重要启示

中国的低生育率，既是长期实行计划生育政策的政策遗产，也遵循了经济社会发展的一般规律。针对特殊历史原因，从对家庭孩子数的严格限制到逐步放宽，进而转向鼓励生育的政策调整，对于摆脱低生育率陷阱是不可或缺的一步。然而，人口变化是一个既长且慢的变量，与经济社会发展互为因果；作为决定性影响人口动态和格局的因素，生育水平是在不同的制度土壤中形成和变化的。人口与发展关系的新范式，至少给我们提供两个重要的启示：一方面，低生育率陷阱绝非宿命，在理论上和实践上均有可能避免或摆脱；另一方面，摆脱低生育率陷阱亦非易事，需要以历史耐心持续推进制度建设。换句话说，那些短周期、碎片化、急就章式的举措固然有益，却不足以在短期内改变既有人口格局；摆脱低生育率陷阱，胜算在于按照有利于促进社会流动的要求，持续推进中国特色福利国家建设。

参考文献

蔡昉，2023，《人口负增长时代：中国经济增长的挑战与机遇》，中信出版集团。

蔡昉，2024，《生育意愿、社会流动和福利国家》，《经济学动态》第 3 期。

哥斯塔·埃斯平 – 安德森，2010，《福利资本主义的三个世界》，苗正民、滕玉英译，商务印书馆。

蒋耒文，2002，《"欧洲第二次人口转变"理论及其思考》，《人口研究》第 3 期。

约翰·肯尼思·加尔布雷思，2009，《富裕社会》，赵勇、周定瑛、舒小昀译，凤凰出版传媒集团、江苏人民出版社。

Becker, Gary S., 1973, "A Theory of Marriage: Part I", *The Journal of Political Economy*, 81(4): 813-846.

Becker, Gary S.,1974, "A Theory of Marriage: Part II", *The Journal of Political Economy*, 82(2): S11.

Becker, Gary S., 1997, "An Economic Analysis of Fertility", in Simon, Julian L. (ed.) *The Economics of Population: Key Modern Writings Volume II*, Cheltenham, UK·Lyme, US, pp. 403-425.

Caldwell, John C., 1976, "Toward a Restatement of Demographic Transition Theory", *Population and Development Review*, No. 2, pp. 321-366.

Esping-Andersen, Gøsta, 2015, "Welfare Regimes and Social Stratification", *Journal of European Social Policy,* 25(1), pp. 124-134.

Eurostat, 2023, Marriage and Divorce Statistics: https://ec.europa.eu/eurostat/statistics-explained/index.php?title=Marriage_and_divorce_statistics.

Henrekson, Magnus, 1993, "Wagner's Law – A Spurious Relationship?" *Public Finance / Finances Publiques*, Vol. 48 (2), pp. 406-415.

Kohler, H.P., Ortega, J. A., Billari, F. C., 2002, "The Emergence of Lowest-low Fertility in Europe during the 1990s", *Population and Development Review*, 28(4),

641-680.

Lutz, Wolfgang, Vegard Skirbekk, and Maria Rita Testa, 2006, "The Low-Fertility Trap Hypothesis: Forces that May Lead to Further Postponement and Fewer Births in Europe", *Vienna Yearbook of Population Research 2006*, pp. 167-192.

Samuelson, Paul A.,1958, "An Exact Consumption-Loan Model of Interest with or without the Social Contrivance of Money", *The Journal of Political Economy*, Vol. 66, No. 6, pp. 467-482.

Van de Kaa, Dirk J., 2002, "The Idea of a Second Demographic Transition in Industrialized Countries", Paper presented at the Sixth Welfare Policy Seminar of the National Institute of Population and Social Security, Tokyo, Japan, 29 January.

促进社会流动的市场机会、
社会政策和家庭养育

　　本章旨在阐述市场机会、社会政策和家庭养育是保持和扩大社会流动的三个必要条件或基本支柱。在中国经济增长减速造成市场机会扩大速度减缓的情况下，避免社会流动性减弱的后果，认识范式和政策模式都有待转换。一方面，实现14亿人口共同富裕的中国式现代化目标，要求保持人人向上的通道畅通无阻，充分社会流动也是高质量发展的题中应有之义；另一方面，资源重新配置空间既未耗竭，新的经济增长动能也正在开启，因此，保持社会流动性的发展基础仍然牢固。扩大社会流动、避免阶层固化和贫困代际传递，应该从三支柱的完善着眼，推进体制改革、政策调整和制度建设。

　　为了从实证角度揭示社会流动的性质及相关问题，本章将考察收入差距与社会流动的内在关系，并进一步分别讨论与社会流动密切相关，甚至可以作为社会流动必要条件的三位一体支柱——市场机会、社会政策和家庭养育。在全篇讨论的基础上，提炼相关政策含义并提出政策建议。

一　关注社会流动的经济学传统

在改革开放的 40 多年里，中国经济取得了史无前例的高速增长。1978~2023 年，国内生产总值（GDP）年均增长率高达 8.7%。按照一般规律，在即将跨入高收入阶段的节点上，由于增长动能的转换，高速经济增长不可避免地发生减速。2012 年以来，中国实际 GDP 增长率降到 8% 以下，且呈现逐年降低的趋势。与高速经济增长相伴发生的高度社会流动，也随着增长减速而趋于弱化。从人均可支配收入增长率来看，在 2000 年之前的 10 年间为年均 7.5%，在 2010 年之前的 10 年间为 10.5%，在 2019 年之前的 10 年间为 8.1%。从居民收入差距指标（人均可支配收入的基尼系数）来看，2008 年达到 0.491 这一最高点之后曾经有所下降，但在 2015 年降到 0.462 之后便趋于徘徊，2022 年仍然高达 0.467。在经济发展新常态下，较低的增长率也可以处在合理速度区间，然而，社会流动性减弱却不是合意的，需要在政策上做出必要努力，以确保实现全体人民共同富裕的目标。

是以人为中心还是以物为中心看待经济发展，从价值取向上把经济学区分为不同的流派。以人为中心，经济学就不仅仅关注产品和服务的总产出，更关心人均可支配收入及其分配，不仅仅关注 GDP 的增长率，更关心人的向上流动和全面发展。虽然在当代西方经济学中，新自由主义仍在相当大程度上占据着主流地位，GDP 也仍然为许多国家的政府所热衷追逐，然而，越来越多的学者和决策者认识到社会流动作为发展目的的意义。其实，现代经济学在诞生伊始，就具有关注每个人福祉改善从而社会流动的传统。

例如，根据美国历史学家格特鲁德·希梅尔法布（2011，第20~32页）的提示，我们重温现代经济学的开山之作《国富论》，完全可以认为在亚当·斯密的理论体系中，一系列与社会流动相关的理念已经相当成熟并得到清晰阐述。首先，斯密的伟大著作虽然名为《国富论》，实际上他强调的不是重商主义意义上"民族国家"的富强，而是包括底层民众在内的各阶层国民的普遍富裕或全面富庶（斯密，1996）。其次，斯密并不是"涓流经济学"的始作俑者，相反，他对穷人的同情以及对贫困问题的关注溢于言表，认为绝大多数人口陷于贫困的状况，绝不意味着社会的繁荣与幸福，因此必须推动社会公正，让劳动者获得必要的衣食住，得以分享自己的劳动成果（斯密，1996，第72页）。最后，斯密涉足了收入分配和再分配问题，堪称现代收入分配理论的先声。从初次分配来看，他对提高工资和促进劳动力流动均持有积极的态度。观其讽刺资本所有者对待利润增长与工资增长关系的态度（第90页），把斯密看作"皮凯蒂不等式"（$r>g$即资本收益的增长快于经济及工资的增长；皮凯蒂，2014）的思想渊源，并不言过其实。此外，他还支持具有累进性质的征税（希梅尔法布，2011，第26页；斯密，1996，第432~433页），认同通过再分配方式对穷人和受困者提供社会救济，并且倡导慈善行为。

二 收入差距与社会流动的内生关系

任何收入分配格局，都是在特定的经济发展过程中形成的，通常也具有相对的稳定性，可以将其看作一种历史遗产。不仅如此，收入分配状况还是相当顽固的存在，对于很多国家来说不啻一种高度稳定的均衡状态。如果从跨国数据来观察各国的收入差距指标，不难发现收入分配格局的这种特征。例如，借助世界银行数据，图1展示了145个国家和地区的收入基尼系数在长达数十年中表现出来的变化特点。我们以20世纪90年代中期前后的基尼系数作为"早期观察值"，以2020年左右的最新基尼系数作为"最新观察值"，两组观察值的交点反映早期收入分配状况对最新收入分配状况的传递性和历史性影响。如图所示，一个国家初始年份的收入分配特征，在接近1/4世纪之后仍未消失，从统计上来看，各国早期基尼系数的位序，与最新基尼系数的位序高度关联，相关系数达到0.8011。

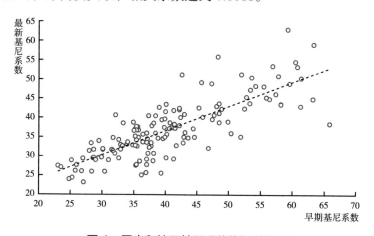

图1 国家和地区基尼系数的相对变化

资料来源：世界银行数据库，https://data.worldbank.org/indicator/SI.POV.GINI。

收入分配格局具有的高度稳定性，或者收入差距具有的强大顽固性，源于收入地位的代际传递性质，也就是说，处于较低收入地位的父母，有更大的可能性把低收入身份传递给子女。从所谓"了不起的盖茨比曲线"，我们可以直接观察收入差距与社会流动之间性质上的内在联系以及指标上的相互映射。图2几乎是已有研究的复制（World Economic Forum，2020），同时，我们也把不同来源的研究数据补充进去，以便展示收入差距与代际社会流动之间的关系。其中收入差距以人均收入的基尼系数表示，代际社会流动以代际收入弹性，即父母一代的收入对子女一代收入的影响程度表示。从图2可以得到的一般结论是，一个社会的收入差距越大，父母一代对子女一代的收入影响也越大。相应地，如果一个社会形成了这种代际的低社会流动性，收

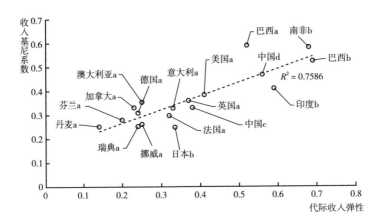

图2 "了不起的盖茨比曲线"

资料来源：带下标 a 的数据来自 Blanden（2013）；带下标 b 的数据来自 World Economic Forum（2020）；带下标 c 的（中国）数据来自杨沫（2019）；带下标 d 的（中国）数据中，基尼系数来自国家统计局"国家数据"（https://data.stats.gov.cn/easyquery.htm?cn=C01），代际收入弹性系假设的情景。

入差距的缩小也就难乎其难。

借助图 2，我们还可以获取中国社会流动状况的相关信息。关于中国居民代际收入流动性的情况，由于不同研究使用的数据和方法不尽相同，估算出的结果差异也很大（杨沫，2019）。世界经济论坛估计的结果发现，从数据关系来看，中国恰好处在"了不起的盖茨比曲线"，即基尼系数和代际流动对应数据的拟合趋势线上，可以暂且作为我们认识中国代际流动的基准（在图中为"中国 c"这个点，World Economic Forum，2020）。然而，世界经济论坛报告所使用的与中国的这个代际收入弹性（大约为 0.38）相对应的基尼系数（0.305），却是 20 世纪 90 年代前半期的数据，远低于近年来的水平。如果把近年来的基尼系数（如 0.468）放在拟合趋势线上观察，中国的代际收入弹性可能高达 0.56。做这样的假设，并不意味着我们认为真实情况确实如此，然而，既然收入差距与社会流动之间的关系确为正相关，既然中国的收入差距确实在较长时间里既大且稳定，研究收入差距问题，不能不把关注点深入社会流动的层面。

从以上分析可以得出一个附带的结论：在缺乏直接描述社会流动数据和指标的情况下，以收入差距指标如基尼系数或帕尔马指数等，特别是某个水平持续的时长来间接判断社会流动状况和性质，不失为一种可行的替代办法。除了前述"了不起的盖茨比曲线"揭示的收入差距与社会流动之间的紧密关系之外，很多反映整体收入差距的指标，事实上还有助于揭示收入差距的构成因素，特别是揭示不同组别人群的收入差距在整体差距中的贡献份额，这通常就是社会流动的典型表现。

　　这里，我们主要采用帕尔马指数（Palma index）来描述中国过去几十年的收入分配格局及其变化。从计算的角度，帕尔马指数系收入最高 10% 人口的收入水平，与收入最低 40% 人口的收入水平之间的比值。除了把全国作为整体的帕尔马指数（并与基尼系数相互参照），我们还同时展示分城乡的帕尔马指数（见图 3）。从中可以做出几个判断。首先，各种指标都展示了一个粗略的倒 U 形曲线，即收入差距先经历一个扩大的阶段，在 2008 年前后达到峰值后进入缓慢缩小区间。其次，就帕尔马指数来说，全国整体收入差距既大于城镇的收入差距，也大于农村的收入差距，意味着城乡之间的收入差距对整体差距具有较为明显的贡献。再次，就帕尔马指数的统计定义而言，该指标受中等收入群体平均收入水平的影响比较明显，因而对社会流动可

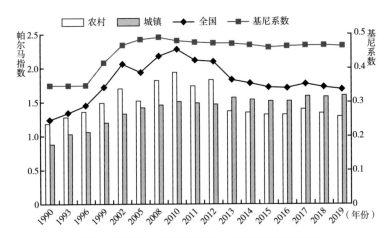

图3　以帕尔马指数表示的中国居民收入差距

资料来源：帕尔马指数数据来自 UNU-WIDER（2022）；2003 年后的基尼系数来自国家统计局"国家数据"：https://data.stats.gov.cn/easyquery.htm?cn=C01；早年基尼系数的数据来源参见 Cai Fang（2016）。

以做出较好的反映。最后，从这些指标的变化特征不难看到，无论是居民收入分配格局还是社会流动，都不仅仅是市场的结果，甚至也不仅受到公共政策的影响，还与家庭状况和养育努力密切相关。正因为如此，我们在以下的部分中，讨论影响社会流动的三个主要因素——市场机会、社会政策和家庭养育。

三　作为社会流动引擎的市场机会

社会流动性衡量人们在一个社会是否具有均等的机会攀登社会阶梯，通常与以下几个关键词直接相关。第一关键词是机会。社会创造的经济总量、就业规模、可支配收入都来自于经济活动，构成人们向上流动的物质基础。俗话说：巧妇难为无米之炊。市场机会就是社会流动的稻粱之源。第二个关键词是均等。既指向上流动的机会可获得性对每一个人几乎是相同的，也是指机会的分布大致呈橄榄形——可以给最大多数居民提供机会。一方面，社会流动是中等收入群体形成的前提；另一方面，如果机会均等的条件得到满足，市场机会总量越多，社会流动便越强。第三个关键词是机制。社会流动必须有动力和可持续性，因而应该与资源配置效率具有一致性。既然市场是人类有史以来最有效的资源配置机制，它也必然是实现社会流动的必要条件之一。

中国改革开放以来的发展过程，是经济总量和人均收入提高的经济史，也是资源配置机制从计划向市场转换的改革史，进而是社会流动和人民福祉不断提高的社会发展史。这期间中国创造的一个发展奇迹，即形成人类历史上和平时期最大规模人口流动，可以充分反映上述历史维度。在农村劳动力大规模向城镇转移的带动下，1978~2023年，非农产业就业比重从 29.5% 提高到 75.9%，城镇化率从 17.9% 提高到 66.2%。劳动力流动和人口迁移释放出人口红利，增加了劳动力供给，提高了储蓄率和投资回报率以及资源重新配置效率，对经济总量扩大做出巨大贡献（蔡昉，2022）。这同时也是社会流动的直接表现和推进路径。大规模人口流动在效率和福利改进的意义上，实现了就业与职业、居住地、人力资本以及收入地位的转变，并且使这种转变在经济和社会双重意义上具有帕累托改进的性质。

作为经济发展阶段和人口转变阶段变化的必然结果，劳动力转移和人口流动速度已经有所减慢。从作为人口流动主要群体和基本源泉的外出农民工规模来看，离开本乡镇六个月及以上的农村劳动力人数的增长率，从 2000~2008 年的年均 7.5%，降低到 2008~2016 年的 2.3%，进一步降低到 2016~2023 年的 0.6%。这不仅通过劳动力数量增长、质量和全要素生产率提高速度放慢，以及资本回报率下降等因素，导致潜在增长率进而实际增长率下降，而且也表现出弱化社会流动性的倾向。收入分配状况改善幅度的收窄，或者说收入差距缩小的边际效用递减，就是社会流动性减弱的一种表现。

劳动力从低生产率、低报酬的农业向生产率和工资更高的非农产业流动，以及人口从相对落后的农村向更多发展机会的城市迁移，既是经济增长的动力，也使得社会流动性显著增强。然而，大规模的劳动力流动和人口迁移，都是特定发展阶段的现象，而非经济发展的永恒过程。从表层逻辑来看，随着经济增长从高速转向中高速甚至中速，社会流动的态势从大河奔流到涓涓细流，也是符合发展阶段变化特征的。问题在于，对于中国来说，大幅度社会流动的潜力真的消耗殆尽了吗？答案是否定的。市场主体之间、部门或产业之间、区域之间仍然存在的生产率差异，意味着仍然存在着资源重新配置的空间（蔡昉，2021），相对于所处发展阶段，过高的农业就业比重、偏低的城市化率，以及在户籍人口和常住人口城镇化率之间的差别，都意味着人口迁移和劳动力流动仍有巨大潜力，因而，中国社会流动的提升潜力仍然是巨大的（蔡昉，2024）。

四　关乎人类发展和多重外部性的社会政策

正如市场是收入增长及合理分配的必要条件而非充分条件一样，市场机会是社会流动的必要条件而非充分条件。也就是说，无论在物质成果分配领域，还是在人的均等、全面发展领域，所谓的"涓流效应"都不可能自然而然产生，在方式和程度上进行恰如其分的社会干预始终是必要的。我们可以从"了不起的盖茨比曲线"中两个相互映射的指标，即收入差距和代际流动来认识这个观点。

收入差距主要源于两个因素。一是资本收益与劳动报酬的增长率差异。正如皮凯蒂不等式即 $r>g$ 所指出的那样，从长期来看，资本收益增长天生具有快于经济增长从而劳动报酬增长的性质。因此，在没有适当的税收和转移支付等制度安排的情况下，资本所有者与劳动者之间将产生并积累起巨大的收入和财富差距。二是工资收入之间的差异。诚然，人力资本禀赋差异导致的工资差别，具有鼓励在教育和技能方面进行投资的积极效应。然而，由于劳动力市场固有的缺陷，劳动者在工作和报酬信息获得方面存在能力差别，在工作条件和薪酬谈判方面也处于不完全相同的地位，因此，工资决定不像其他要素价格那样单纯依靠市场供求关系，同时也要借助相关法规和劳动力市场制度。在经济高速增长、就业迅速扩大和工资总水平较快提高的时期，这些收入差距的存在虽然意味着较弱的相对流动性，但不会抵消发展带来的绝对流动性提高效应。一旦高速增长效应不再显著，相对流动性不足对整体社会流动的抑制效应便日益显现。所以，越是在更高的发展阶段上，再分配机制和劳动力市场制度的重要意义也更加突出。

把这种收入差距的存在与代际流动的现象结合起来，必然得出社会政策的必要性和紧迫性日益增强的结论。一般来说，社会政策是一个比较宽泛的概念，可以包括诸方面内容，分别体现在多种制度安排和社会项目中。一方面，社会政策由主要支柱和辅助性安排共同构成，因此，在推动制度建设的过程中应该明确区分主与次及其优先序。拿作为第三次分配领域重要形式的慈善事业来说，在中国，慈善事业既是十分重要的领域也是现实的薄弱点，值得大力提倡和推动发展，但这种形式毕竟只是国家制度安排的补充，不足以承担起保障民生的重任。

另一方面，基础性和托底性的民生保障，归根结底要建立在社会福利体系的牢固基础上。加快建立起覆盖全体居民、全生命周期的更完善社会福利体系，既符合经济史揭示的规律性趋势，也符合这一体系促进社会流动的特别制度功能。长时序的跨国数据表明，随着经济发展水平的提高，即人均 GDP 和人均可支配收入的增长，用于社会福利、社会保护和社会共济的公共支出趋于扩大。该数据分析还表明，在 2035 年之前，中国恰好处于福利体系加速建设的时期（蔡昉、贾朋，2022）。已有的文献也表明，社会福利体系不仅在一般意义上提高人民福祉，对促进社会流动尤具显著效果。研究还发现，福利体系对社会流动的促进作用也不是自然而然产生的，而与特定的制度安排相对应。例如，在福利国家的几种典型模式中，只有北欧模式在促进社会流动方面的表现最为突出（Esping-Andersen，2015）。以社会保障为主要内容的中国社会福利体系，在较短的时间里经历了从无到有、扩大覆盖率和提高保障水平的建设过程。按照基本实现现代化时的更高要求，这个体系尚不够完善，既表现为整体保障水平仍然偏低，也表现在不同群体之间的覆盖水平存在较大差异。以基本养老保险和基本医疗保险为例，2022 年，按照城镇职工基本养老保险"基金支出"和"离退人员参加养老保险人数"两个指标计算，城镇退休职工人均领取养老金为 43268 元；按照城乡居民社会养老保险"基金支出"和"实际领取待遇人数"计算，城乡居民养老保险待遇水平为 2456 元。也就是说，领取社会养老金人口的 54.7% 仅领取了全部养老金支出的 6.4%。[1] 同年，按照职工医疗保险"基金支出"和"年末参保人数"计算，城镇职工人均医疗保险金支出为 4182 元；按照城乡居民医疗保险"基金支出"和"年末参保人数"计算，城乡居民人均医疗保险支出仅为 943 元。也就是说，城乡居民医疗保险参保人数

[1]　参见国家统计局网站"国家数据"：https://data.stats.gov.cn/easyquery.htm?cn=C01。

占参加基本医疗保险全部人数的 73.1%，仅享受了全部基本医疗保险基金支出的 38.0%（国家卫生健康委员会统计信息中心，2023）。此外，在基本社会保险的其他项目中，同样存在着正规与非正规就业人员（如农民工和派遣工）之间的覆盖率及待遇差别。

以下方面有助于我们认识到，在获得社会保障以及其他基本公共服务方面的不均等现象如何阻碍社会流动。首先，在养老、生病、生育、失业等风险既定的情况下，对那些未被社会保险充分覆盖或保障水平较低的群体来说，意味着可支配收入的相应扣除，收入和消费水平实际上被降低。其次，在这些公共品的社会供给缺位的情况下，个人和家庭自我承受很大程度的基本生活不确定性，则意味着家庭经常性遭遇外生冲击，因而抑制相关群体的社会流动性。最后，社会福利有关全体人民的基本公共服务需要，关乎人类发展水平的不断提高，是一种具有社会公益性质的必要公共品供给。其中强调的全生命周期，在动态的意义上也代表着代际关系，因而这种基本需求以空间和时间两个维度表现出来，形成多重外部性。正因为如此，这种公共品的供给需要以长期稳定的制度形式予以保障。

五　超越市场和政府的家庭养育功能

社会福利体系所具有的保障和促进社会流动的基础性作用，终究要通过家庭履行养育功能得到落实。在享有均等基本公共服务的条件下，低收入家庭子女的技能发展预期不受家庭经济状况的影响，从而可以防止社会阶层固化，打破贫困代际传递，保持高度代际社会流动。儿童的技能发展包括较为广泛的含义，既包括从通识教育中获得认知能力，以及从技能教育中获得就业能力，还包括社会交往能力和情感沟通能力，以及融入社会所需的社交能力与努力。通过以基本公共服务形式提供均等的早期教育和基础教育机会，让儿童均等地获得这些必要的技能，确是实现充分社会流动的制度保障。

然而，也有很多研究发现，儿童技能的发展并非全部来自公共领域，从很多方面来看，家庭特别是父母共同发挥的作用，是任何其他制度因素都无法予以替代的，因而至少是与福利体系同等重要的。父母养育子女不仅是正规教育阶段的提前或超越，还是父母向孩子潜移默化灌输正确的价值观、对待人与事的态度、与人有效沟通的方式。父母所拥有的相应技能，对于最大化利用公共资源和社区条件以提高儿童福祉至关重要。

例如，詹姆斯·赫克曼及其合作者（2021）的一项最新研究，在深入剖析了丹麦的数据后得出这样的结论：即便儿童发展在福利体系上做到普遍保障，也不能确保儿童成长结果的均等。这就是说，在公共品供给之外，父母受教育程度的差别，以及对子女关注程度的差别，仍然会影响后代的成长表现，最终导致儿童发展的差异。从这个意义上说，就算在丹麦这种典型的有助于提高社会流动性的福利国家，通过幼儿养育、学前教育、基础教育、职业教育和高等教育的免费或补贴，以及医疗、照料、社区服务等一系列基本公共服务的满足，大大提升了儿童发展的机会及其均等性，但家庭养育的差异性仍会在儿童发展成效上造成很大的不同。

詹姆斯·赫克曼一向以倡导儿童早期教育著称，热心游说政府投资早期发展项目。通过这项对丹麦的研究，他坦承自己以往未能想象到家庭在儿童发展中具有如此重要的作用，而且这种作用是那些政府埋单的基本公共服务项目所不可替代的。换句话说，一旦家庭不健全造成父母作用的缺失，譬如说父母双方或一方逝世或病残、离异导致单亲抚养、长期外出造成养育不够，或者父母本身受教育程度较低，不足以给予孩子必要和正确的养育，即便在其他方面具备提高社会流动性的制度优势，从最终效果来看也可能功亏一篑。如果出现上述情况的话，受影响儿童终究无法获得进入社会必备的特质，譬如说与他人形成的协同关系、个人工作的勤勉程度、利他的态度和互惠的意愿，等等。

在中国人口大规模流动的条件下，受家庭成员异地流动影响的儿童，特别是未随父母外出打工的所谓留守儿童，或大或小的程度上都会受到这种父母养育功能不健全的负面影响。根据第七次全国人口普查数据，2020 年共有 4177 万农村留守儿童，其中 72.8% 处在学前、小学和初中三个教育阶段。[1] 按照统计定义，这部分儿童指父母一方或双方外出六个月及以上时留在家里的孩子，其中很大一部分由（外）祖父母照料。撇开那些非父母不能替代的养育作用之外，由于受教育水平在年龄上、队列间及代际都存在显著的差异，留守儿童未能充分享受这一代受教育程度明显改善的年轻父母的养育优势。

利用第七次全国人口普查数据，我们可以把作为农村留守儿童父

---

[1] 参见国家统计局、联合国儿童基金会、联合国人口基金《2020 年中国儿童人口状况：事实与数据》，国家统计局网站：http://www.stats.gov.cn/zs/tjwh/tjkw/tjzl/202304/P020230419425666818737.pdf。

母一代的受教育水平，与祖父母一代的受教育水平进行比较，由此可以看到在父母养育缺失的情况下，儿童的人力资本潜在损失可能有多大。在全国人口普查中，受教育程度是采用 3 岁及以上人口的学历状况表示的，分别为未上过学、学前教育、小学、初中、高中、大学专科、大学本科、硕士研究生和博士研究生。我们设定这些学历阶段的受教育年限，分别为 0 年、2 年、6 年、9 年、12 年、15 年、16 年、19 年和 22 年，依此加权计算相应年龄组人口的平均受教育年限。

根据国家统计局抽样调查[1]，2022 年离开本乡镇外出 6 个月或更长时间的农民工为 1.72 亿，其中年龄在 21~50 岁的约占 69.5%。恰好在这个年龄段上已婚并有子女的居多，故可以用这个群体特征来描述留守儿童父母的人力资本禀赋。这部分人大多以外来劳动力的身份，被统计为城镇的常住人口，不过，他们的受教育程度一般高于同年龄农村常住人口，而低于同年龄城镇户籍居民。粗略地，我们以全国在这个年龄组上的人均受教育年限代表外出农民工或留守儿童父母的人力资本禀赋。与此同时，这个年龄组农民工的父母或留守儿童的（外）祖父母的人力资本禀赋，则以 50~74 岁年龄组的农村常住人口人均受教育年限为代表（见图 4）。

如同中国受教育水平的年龄分布一样，即受教育水平随着年龄提高而降低，留守儿童的祖父母一代的平均受教育年限，比留守儿童的父母一代要低很多。平均而言，20~49 岁这个父母群体的平均受教育

---

[1]　参见国家统计局《2022 年农民工监测调查报告》，https://www.stats.gov.cn/sj/zxfb/202304/t20230427_1939124.html。

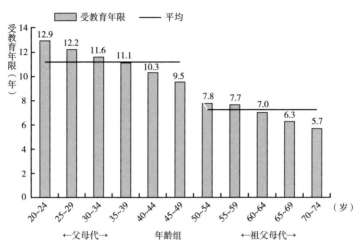

图 4　受教育程度的代际差异

资料来源：国家统计局"普查数据"，https://www.stats.gov.cn/sj/pcsj/rkpc/7rp/zk/indexch.htm。

年限为 11.2，而他们的父母辈即 50~74 岁群体的平均受教育年限仅为 7.3。一般来说，平均受教育年限这个指标只是人力资本的一个代理性指标，在某种程度上代表着一系列与养育孩子相关的能力。我们固然应该承认，祖父母在养育孩子方面有独特的优势，但是替代人力资本禀赋更高的父母，即使撇开亲情因素，也会降低留守儿童的综合技能培养。

六　基于认识范式变化的政策思路

中国经济从高速增长转向高质量发展，伴随着 GDP 增长率的下降，导致作为社会流动支柱之一的市场机会趋于减少。这提出一个严峻的现实挑战及重要的研究课题：中国能否以及如何保持社会流动性？一方面，既然在经济领域仍然存在着足够宽阔的资源重新配置空间，与之相连的社会流动也同样具有巨大的潜力。另一方面，在市场机会这一支柱之外，社会政策和家庭养育也是促进社会流动的重要支柱，加快构建这两条支柱、完善其功能及其作用环境，可以使社会流动摆脱对市场机会的过度依赖，成为促进社会公平正义的常态机制。我们认为这三条支柱具有三位一体的性质，并不意味着认为，这种三足鼎立的格局完全不具有相互替代的关系。从终极目标来说，作为一种制度框架，三者固然是缺一不可的，但是，在形成和发育的过程中，根据每个时期的条件成熟度和特征，有针对性地强化某一支柱的推动方式，仍然是必要且有益的。下面，围绕这三个方面，我们简要提炼本章的政策含义，并据此提出政策建议。

首先，继续着力挖掘市场机会并使其得到充分分享。正如中国在产业和企业层面仍然具有可供开发的资源重新配置空间，因而中国经济增长并未耗竭其应有的赶超速度一样，中国社会流动性提升的潜力不仅仍然存在，并且可以说是巨大的（蔡昉，2024）。为了挖掘资源配置空间和重新配置潜力，体制改革和政策制定应该围绕两个方向进行。一是完善市场配置资源的体制和机制。这包括推动市场主体之间的充分竞争，实现产品价格由供求关系决定、要素价格由资源稀缺性决定的价格形成机制，构建完善的国内统一大市场。二是纠正在生产率分享方面存在的市场失灵倾向。通过监管、调节和引导，让经济增长能够最大化创造高质量就业、增加劳动者报酬和居民收入，实现发展成果的充分分享。

其次，以增加基本公共服务供给为核心实施社会政策。从一些发达国家的经验来看，正是在特定的发展阶段上，此时保持社会流动的需要凸显，福利国家应运而生。可见，社会政策既要对改善民生的期待做出积极回应，满足人民群众日益增长的基本公共服务需求，又要从一般规律出发，在制度建设的顶层设计基础上，搭建中国式福利国家的四梁八柱。推进福利国家建设的重要原则，就是因应现实需求的尽力而为，同立足长期制度建设的量力而行有机结合，由此才能够以蹄疾步稳的节奏，构建和畅通长期社会流动的通道。

最后，通过完善家庭功能推动人口高质量发展。作为集经济、社会和人口再生产职能于一身的最基础单位，家庭是一种不可替代的制度形式，能够以符合效率和效用目标、有利于家庭福利最大化，以及有利于代际繁衍的方式配置资源。鼓励生育以应对少子化、老龄化和人口负增长挑战，刺激居民消费以打破社会总需求对经济增长的制约，提高家庭养育能力和培育儿童技能以促进代际社会流动，都有赖于家庭的全面发展和家庭养育功能的大幅度提升。在诸多制度建设和政策调整任务中，旨在让进城农民工和大学毕业生在城市落户的户籍制度改革，是亟待加快推进的改革任务。这项改革预期创造的改革红利，从经济维度来看，可以增加劳动力供给，延续和延伸资源配置过程，从而提高潜在增长率；从社会维度来看，可以在提高居民收入的前提下，获得更充分的空间改善收入分配，保持和加强社会流动。

参考文献

蔡昉，2021，《生产率、新动能与制造业——中国经济如何提高资源重新配置效率》，《中国工业经济》第 5 期。

蔡昉，2022，《人口红利：认识中国经济增长的有益框架》，《经济研究》第 10 期。

蔡昉，2024，《社会流动性如何影响生育率？》，《社会学研究》第 1 期。

蔡昉、贾朋，2022，《构建中国式福利国家的理论和实践依据》，《比较》第 3 辑。

格特鲁德·希梅尔法布，2011，《现代性之路——英法美启蒙运动之比较》，齐安儒译，复旦大学出版社。

国家卫生健康委员会统计信息中心编，2023，《卫生健康数据手册（2023）》，中国协和医科大学出版社。

托马斯·皮凯蒂，2014，《21 世纪资本论》，巴曙松等译，中信出版社。

亚当·斯密，1996，《国民财富的性质和原因的研究（上卷）》，郭大力、王亚南译，商务印书馆。

杨沫，2019，《中国居民代际流动的现状、趋势以及国际比较分析》，《中国发展研究基金会研究参考》第 1 号（总 224 号）。

Blanden J., 2013, "Cross-country Rankings in Intergenerational Mobility": A Comparison of Approaches from Economics and Sociology. *Journal of Economic Surveys*, 27(1): 38-73.

Cai Fang, 2016, *China's Economic Growth Prospects: From Demographic Dividend to Reform Dividend*, Cheltenham, UK: Edward Elgar, p. 180.

Gøsta Esping-Andersen, 2015, "Welfare Regimes and Social Stratification". *Journal of European Social Policy*, 25(1).

Heckman, James and Rasmus Landers, 2021, "Lessons from Denmark about Inequality and Social Mobility", *HCEO Working Paper*, 2021-006, Stigler Center for the Study of the Economy and the State, University of Chicago Booth School of Business.

UNU-WIDER, 2022, World Income Inequality Database (WIID), Version 30 June: https://doi.org/10.35188/UNU-WIDER/WIID-300622 .

World Economic Forum. *The Global Social Mobility Report 2020: Equal*ity, Opportunity and a New Economic Imperative. World Economic Forum, 2020:10: https://www3.weforum.org/docs/Global_Social_Mobility_Report.pdf.

Appendix

Abstract of Each Chapter

Chapter 1   The Theory of Everything: Population-related Economic Models Emanating from Malthus

Abstract: As the pioneer of the research on the nexus between population and economic development, Malthus is the headstream of the descendant theories. This chapter summarizes his contributions as follows. First, Malthus's depiction of low-level equilibrium directly laid the foundation for the poverty trap theories of development economics. Second, Malthus was the first economist to apply dual-sector analysis, which inspired the Lewisian dual economy development theory. Third, the prevalent research on the demographic dividend is to shed light on the mechanism of dual economy development with a bunch of hypotheses and tests. Fourth, by connecting Malthus and his intellectual descendants, Keynes unraveled the restraints of a stagnant population on effective demand, which became the intellectual source of the secular stagnation theory used to characterize the new normal of today's world economy. This chapter points out that the overall course and individual stages of China's economic development correspond to relevant theories based on Malthus. It also conjectures that by combining the evolution of the Malthus-based theories with China's rich experiences, a growth theory from a demand-side perspective can be expected to emerge.

Keywords: poverty trap; dual economy development; demographic dividend; secular stagnation; China's economic development

Chapter 2   Demographic Dividend: A Useful Framework for Understanding China's Economic Growth

Abstract: This chapter puts forward a useful theoretical concept and analytical framework for understanding economic growth in China. Against the background of the economic reform and aiming to explain the source of China's fast growth, this chapter illustrates the evolution of the paradigm concerning the relationship between population and economic growth in China studies. Through narrating the course and reviewing the literature, it elaborates on the contribution of the demographic dividend to the fast growth of the Chinese economy during the reform period. It reveals the validity and explanatory power of the demographic dividend theory in the context of China's economic growth, and recounts how the theory has been recovered and enriched by Chinese experiences.

Keywords: China's economic growth; demographic dividend; theoretical innovation

Chapter 3   The Lewis Turning Point: An Indication of the Changes in China's Economic Development Stages

Abstract: Based on Arthur Lewis's theory of dual economy development, this chapter discusses how the Lewis turning point has become an iconic concept identifying the alteration of development stages in the context of China's economic development experiences' nexus to development economics. It elaborates on the scholarly and policy debates about the theoretical relevance and policy implications that this academic concept has for China. The chapter summarizes theoretical reasoning and empirical evidence for whether and when the turning point has arrived in China and what challenges it poses to China's growth. In conclusion, it raises issues that are worth further research.
Keywords: the Lewis turning point; dual economy development; Development Economics

Chapter 4   The Keynes Paradox: Thinking about Sharing Productivity Gains

Abstract: In his prominent essay published in 1930, Keynes predicted an exponential increase in productivity, which would eventually enable mankind to get rid of long-lasting economic problems within a hundred years. He anticipated that the process of productivity growth would be accompanied by the growing pains of over-rapid changes and the challengesof readjustment. This scholarly question of how productivity gains should be shared can be termed as the Keynes Paradox. Using the framework of both economic and economic history, this chapter asserts that the Keynes Paradox raises a fundamental question about long-run economic development and is closely related , both logically and empirically, to another famous topic—the Solow Paradox,. In fact, the Keynes Paradox may provide a way to crack the Solow Paradox. This chapter suggests that the malfunction of the creative destruction mechanism gives rise to the widely existing immobility and degradation of resource allocation, which is the root cause of the stagnation of overall productivity in the course of technological progress. This proposition puts forward an alternative interpretation of the Solow Paradox. The policy implications of this analysis is twofold:first, properly sharing the productivity gains serves as a guarantee for sustained growth of productivity; second, the ultimate institutional arrangement of sharing productivity gains is to build a system that constantly improves social welfare in line with productivity growth.

Keywords: Keywordsivity; the Keynes Paradox; the Solow Paradox, the Zelazny Hypothesis; social welfare system

Chapter 5   Conflicting Ideas of Demography and Public Finance: Myrdal and Ma Yinchu in Their Respective Times

Abstract: This chapter reviews Myrdal's population studies, which are unfamiliar to today's academic circle, together with his theory of public finance and compares them to Ma's corresponding theories and policy suggestions. The conclusions can be summarized as follows. First, demographics are the results of economic and social developments, and the orientation and effectiveness of policy coping with population problems hinge on different concepts of public finance. Second, The fact that Myrdal and Ma faced different population problems and hence proposed opposite policy recommendations is not merely because they lived in different countries of different stages of development, but more importantly, because their understanding of public finance conflicted with one another. Therefore, it is hardly possible for a reoriented population policy to achieve the desired result without a fundamental change of views on social welfare and public finance. Finally, with the intense discussions and debates about policies tackling the population crisis in Sweden, Myrdal propelled changes in academic paradigms and policy orientations, laying a theoretical foundation and building a supportive policy framework for the welfare state building. Although successful experiences in one country cannot ensure successful transplantation in other countries, an analytical retrospect of the theoretical development and policy discussions during Myrdal's time can still provide useful lessons for China as it encounters the challenges of population decline.

Keywords: Gunnar Myrdal; Ma Yinchu; population problem; welfare state; public finance

Chapter 6   Rethinking the Commanding Heights

Abstract: The topic of this chapter is inspired by the book *The Commanding*

Heights: The Battle for the World Economy coauthored by Yergin and Stanislaw. From a historical and global perspective, this chapter points out that it is a global tide that governments have come back to safeguard social fairness and justice, provide social welfare, social safety net, social protection, and other basic public services—in essence, to address market failure in income distribution. Those functions can well define the commanding heights that governments should hold. Putting the people at the center and increasing people's livelihood as ultimate evaluation criteria of reform, opening-up and development, the commanding height that Chinese leadership chooses to hold becomes ever clearer.

Keywords: Daniel Yergin; commanding heights; Friedman's Law of Cycle

Chapter 7　The Competition of Social Welfare

Abstract: In an international environment of increasingly fierce competition among countries, China, as the country with the second largest population and economy, is bound to strengthen its national competitive power to achieve self-reliance and self-improvement in economic development. In its new stage of development, China has to tackle new challenges in a bid to realize economic growth and common prosperity. On the one hand, economic globalization encounters headwinds, the world economy is trapped in secular stagnation, and supply chains are becoming decoupled. On the other hand, China's population is rapidly aging, and population size has reached its peak. As a result of both external and domestic challenges, demand-side factors, particularly household consumption, are increasingly becoming the major constraints on economic growth. Therefore, the construction of a welfare state through redistributive measures is vital for China in accomplishing common prosperity and overcoming the constraints of sustained growth.

Keywords: national competitiveness; social welfare system; population aging; common prosperity

Chapter 8   Humility Makes Human Progress: From the HDR to See the Changes in the Concept of Development

Abstract: This chapter provides a very brief history of UNDP's programme of compiling the Human Development Index (HDI) and writing the *Human Development Report* (HDR) since 1990. The significance of this practice lies in bridging comprehensive human development, welfare state building, and evaluating the success of a country's overall development. As the founding fathers of the project, Haq, having learned painful lessons from being a practitioner, and Sen, having developed a "capacities" approach as a result of philosophical thinking about development, contributed core ideas that have been manifested throughout the project.These ideas have driven changes in the ideological foundation, way of thinking, and action orientation of development. In the course of balancing economic growth and social development, the HDI can be a good reference, and ideas embodied in the HDR provide useful guidance for China.

Keywords: human development; Mahbub ul Haq; Amartya Sen; "capacities" approach

Chapter 9   How Can Social Mobility Impact Fertility?

Abstract: Under extremely low fertility, the conventional theory that predicts that fertility tends to decline in a one-way and linear manner can hardly provide any lessons and guidance to policy-making aiming to increase willingness to give birth and fertility rate. As a result, the policy measures aiming to increase fertility tend to be fragmented. This chapter tries to solve the theoretical and policy dilemma. First, based on international experiences, it points out that there is a universally desired fertility rate approximately equal to the replacement level of 2.1 and thus there is a trend of convergence from the upper and lower ends of it. Second, it boils down to the major factors preventing fertility from regressing to the universal level to weakening social mobility. On this basis, policy suggestions with relevance and effectiveness are made to increase fertility desire.

Keywords: Gary Becker; the paradigm of population-economy nexus; women's labor force participation

Chapter 10   Can China Escape the Low Fertility Trap?

Abstract: This chapter unravels the flaws of the conventional demographic transition theory, challenging its resultant proposition that the fall of fertility is monotonic and irreversible. Regarding the first demographic transition theory, whereas family income and expenditure that influence the decision-making on birth is limited at any given period, the public services provisions that are also determinants of birth decision tend to expand in both scope and scale over time.

Regarding the second demographic transition theory, based on the experiences in European and North American countries in comparison with East Asian economies, marriage is no longer the necessary condition for giving birth. That is, the change in marriage regime is not the cause of the falling fertility. This chapter attempts to construct a new paradigm of population-development relationship supported by three pillars. One, there exists a universal fertility equal to the replacement level. Two, the state of social mobility decisively affects the decision of whether to have children and how many if any. Three, a sound social welfare system provides institutional guarantees for social mobility.

Keywords: the low fertility trap; universal fertility; fertility desire; social welfare system

Chapter 11   Promoting Social Mobility Through Market, Policy and Family

Abstract: Market opportunity, social policy, and family parenting mutually constitute the necessary conditions or basic pillars of social mobility. This chapter aims to discuss how China can prevent its social mobility from weakening in the face of economic growth slowing down. Based on the close, intrinsic relationship between income inequality and social mobility and its manifestation in China's current stage of development, it discusses the sources and potentials of sustaining social mobility. First, there exists the potential for resources reallocation and therefore social mobility to be promoted by market opportunities. Second, public policies ought to play a bigger role in addressing the new challenges since the

Chinese style of modernization requires social upward mobility for everybody in the society. Third, the family plays an irreplaceable role in helping children overcome obstacles to mobility. The chapter concludes with policy suggestions.

Keywords: social mobility; market opportunity; social policy; family parenting

图书在版编目（CIP）数据

中国经济的未来可能性 / 蔡昉著. -- 北京：社会
科学文献出版社, 2024.7
ISBN 978-7-5228-3657-7

Ⅰ.①中… Ⅱ.①蔡… Ⅲ.①中国经济-经济发展-
文集 Ⅳ.①F124-53

中国国家版本馆CIP数据核字（2024）第101803号

中国经济的未来可能性

著　　者 / 蔡　昉

出 版 人 / 冀祥德
责任编辑 / 恽　薇　孔庆梅
责任印制 / 王京美

出　　版 / 社会科学文献出版社·经济与管理分社（010）59367226
　　　　　　地址：北京市北三环中路甲29号院华龙大厦　邮编：100029
　　　　　　网址：www.ssap.com.cn
发　　行 / 社会科学文献出版社（010）59367028
印　　装 / 三河市龙林印务有限公司

规　　格 / 开　本：787mm×1092mm　1/16
　　　　　　印　张：15.75　字　数：173千字
版　　次 / 2024年7月第1版　2024年7月第1次印刷
书　　号 / ISBN 978-7-5228-3657-7
定　　价 / 79.00元

读者服务电话：4008918866